Introduction

Cuentitos simpáticos has been developed specifically for students at the end of their first year of Spanish. The book contains thirty brief but lively readings characterized by surprising narrative turns of events and exercises emphasizing story comprehension. The second half of the book provides exercises for building vocabulary, drilling verb conjugations, and fostering correct syntax usage.

Students and teachers will find the book's format easy to use and will appreciate the brevity of the reading selections. Each one is tailored to a single class period to sustain student interest.

Cuentitos simpáticos makes a perfect companion to the basic textbook. Since more than ninety percent of the words used in this volume can be found within the 1,500 entries in the *Keniston Standard List,* they correspond directly to the vocabulary used in most textbooks. Difficult words and phrases are explained in marginal glosses, and the end vocabulary lists all of the words, idioms, and phrases used throughout the book.

Each story is paired with an exercise sequence in the second half of the book. Each sequence contains three parts: (1) vocabulary exercises—cognates, synonyms, antonyms, and word families—to develop the working vocabulary gained through the *cuentitos;* (2) pattern drills that practice Spanish syntax and idioms; and (3) verb drills for the mastery of tense and mood.

In both the stories and companion exercises, verb tenses are introduced gradually.

Lesson 1: Present tense of regular verbs
Lesson 2: Present tense of irregular verbs; present progressive tense
Lesson 3: Present tense of irregular verbs; present perfect tense
Lesson 4: Present tense of irregular verbs; -cer and -cir infinitives
Lesson 5: Future tense of regular verbs
Lesson 8: Present tense of irregular verbs
Lesson 9: Present tense of radical-changing verbs (*e-ie, o-ue*); formal, affirmative, singular and plural commands
Lesson 10: Present tense of irregular verbs: familiar, affirmative, singular commands; irregular past participles
Lesson 11: Present tense of radical-changing verbs (*e-ie-i; o-ue-u*); irregular present participles; irregular, familiar, affirmative, singular commands
Lesson 12: Present tense of reflexive verbs; present perfect tense of reflexive verbs

Cuentitos simpáticos may be used as a supplemental reader for all advanced beginning Spanish classes. Many of the readings supply important background information on Hispanic art, history, culture, and customs often overlooked in a traditional text.

Two other books in the series, *Diálogos simpáticos,* a graded reader for beginning students, and *Cuentos simpáticos,* a graded reader for intermediate students, are also available from National Textbook Company.

CUENTITOS SIMPÁTICOS

A graded reader for advanced beginning **students**

Rubin Pfeiffer

De Witt Clinton High School
New York City

National Textbook Company
a division of NTC/CONTEMPORARY PUBLISHING GROUP
Lincolnwood, Illinois USA

A Note to Students

You have finally reached the point where reading in a second language can be entertaining and satisfying, as well as instructional. This book, whether you are reading it in Spanish, French, Italian, or German, is guaranteed to give you satisfaction *and* the confidence that you can grow in the language you are studying.

Most of these stories have a humorous twist; most can be read within one classroom period. Vocabulary and grammar have been kept at your level, so that you can enjoy the stories with normal effort.

After completing these humorous tales, you will look forward to reading all of the volumes in the set for the language you are studying. There are four sets in all. In Spanish, you will find *Diálogos simpáticos, Cuentitos simpáticos,* and *Cuentos simpáticos;* in French, *Dialogues sympathiques, Petits contes sympathiques,* and *Contes sympathiques;* in Italian, *Dialoghi simpatici, Raccontini simpatici,* and *Racconti simpatici;* and in German, *Lustige Dialoge, Lustige Geschichten,* and *Spannende Geschichten.* Whatever language you are studying, you will find much to learn and enjoy in these books.

Published by National Textbook Company,
a division of NTC/Contemporary Publishing Group, Inc.
4255 West Touhy Avenue,
Lincolnwood (Chicago), Illinois 60712-1975 U.S.A.
© 1990, 1983, 1978 by NTC/Contemporary Publishing Group, Inc.
International Standard Book Number: 0-8442-7048-2

9 0 ML 9 8 7

Contents

Acknowledgment

I am deeply grateful to Mrs. Carmen Aponte of the New York City Bilingual Program for her critical reading of the manuscript and her many valuable suggestions; the members of the Spanish Department of the DeWitt Clinton High School (New York) who tested these *cuentos* in the classroom and helped immeasurably in shaping this book with their professional evaluation; Dorothy Gabel of National Textbook Company for her excellent editing of the manuscript; my wife Martha for her encouragement and constructive criticism.

Cuentos

1. Una lengua extranjera

Mono tiene dos años. Es el perro más inteligente de San Juan. El primer día del semestre sale de la casa a las ocho de la mañana. Quiere llegar temprano a la escuela. Su madre le pregunta:

—¿A qué hora regresas° hoy, hijito?

—Hoy regreso a casa a eso de° las dos y media— contesta Mono.

Durante el día la madre mira el reloj° de vez en cuando.° Quiere saber cómo su niño precioso pasa el primer día. Se interesa mucho en su educación.

A las tres en punto° llega Mono delante de la casa. Llama a la puerta° con el rabo.° Al abrir la puerta, la madre dice:

regresas return

a eso de about

el reloj clock

de vez en cuando from time to time

en punto sharp

llama a la puerta knocks at the door

el rabo tail

—¡Buenas tardes, hijito!

—¡Miau, miau!— dice Mono imitando a un gato.

—¿Qué dices, Mono?— pregunta la madre con sorpresa.° —¿Por qué imitas a un gato? ¿No sabes ladrar° ni aullar° como todo el mundo?

    —¡Claro° que yo sé° ladrar y aullar!— dice el hijo. —Pero quiero mostrarte° que soy inteligente. Este semestre en la escuela superior estamos aprendiendo a hablar una lengua extranjera.° Ya sé decir "¡Miau, miau!"

con sorpresa with astonishment, surprise
ladrar to bark
aullar to howl
claro of course!
sé I know
mostrarte to show you
lengua extranjera foreign language

I. Answer the following questions in complete Spanish sentences.

1. ¿Cómo se llama el perro?
2. ¿Cuántos años tiene el perro?
3. ¿Cómo es Mono?
4. ¿A qué hora sale Mono de la casa?
5. ¿Adónde va Mono?
6. ¿Cuándo regresa Mono a casa?
7. ¿En qué se interesa su madre?
8. ¿Quién dice: —Miau, miau—?
9. ¿A quién imita Mono?
10. ¿Qué está aprendiendo el perro en la escuela superior?

II. Questions for written or oral expression:

1. ¿Cómo te llamas tú?
2. ¿Cuántos años tienes?
3. ¿A qué hora sales tú de la casa?
4. ¿Cuándo regresas tú a casa?
5. ¿Qué estás aprendiendo en la escuela?

4

2. La publicidad

Me llamo Juan Cruz. Estoy pasando delante de un gran restaurante en la Avenida de José Antonio. Veo a un caballero° sentado cerca de la entrada. Está comiendo una gran porción de arroz con pollo. Me gusta mucho el arroz con pollo. Por eso entro pronto y me siento.

El mozo° me da la lista de platos y me pregunta:

—¿En qué puedo servirlo, señor? Nuestros platos de carne y de pescado son excelentes.

—¡Tráigame, por favor, un vaso de agua porque tengo sed!° ¡Y tráigame una buena porción de arroz con pollo porque tengo mucha hambre!°

Después de unos minutos pone delante de mí un plato, ¡no!, un platito de arroz con pollo. Mi apetito

caballero gentleman

mozo waiter

tengo sed I am thirsty
tengo hambre I am hungry

es muy grande pero la porción es muy pequeña. Naturalmente, miro la porción con tristeza.

—¿Por qué es tan pequeña mi porción? Aquel hombre delante de la ventana tiene una gran porción. ¿Paga él más que yo? Yo no soy extranjero, señor. Soy de Madrid y creo que Ud. está tratando de engañarme.° **engañarme** to fool me

Quiero hablar con el propietario de este restaurante.

—Lo aseguro°— contesta el mozo —que no engaño a **aseguro** I assure nadie. Ud. no tiene razón° si lo piensa. Quiero ayudarlo, **tiene razón** you are right señor. Pero en este momento no puede Ud. hablar con el propietario. El está ocupado. Es él que está comiendo la gran porción de arroz con pollo.

I. Complete the sentences in column A with the proper segment of column B.

A	B
1. Juan está pasando	a) quieren engañarlo.
2. Juan ve a un hombre	b) de arroz con pollo.
3. Desea un plato	c) la gran porción.
4. Desea también	d) delante de un restaurante.
5. La porción no es	e) con el propietario.
6. Juan piensa que	f) muy grande.
7. Quiere hablar	g) un vaso de agua.
8. El propietario está comiendo	h) cerca de la puerta.

II. Answer the following questions in complete Spanish sentences.

1. ¿Es español o americano Juan?
2. ¿Dónde está sentado el caballero?
3. ¿Qué le gusta a Juan?
4. ¿Por qué desea Juan un vaso de agua?
5. ¿Cómo es su apetito?
6. ¿Por qué mira el platito con tristeza?
7. ¿Qué cree Juan?
8. ¿Quién está comiendo la gran porción? ¿El mozo, el propietario o Juan?

III. Questions for written or oral expression:

1. ¿Eres tú español o americano?
2. ¿Dónde estás sentado tú?

3. ¿Te gusta comer platos españoles, chinos, italianos o americanos?
4. ¿Cuándo comes tú?
5. ¿Cómo es tu apetito?
6. ¿Miras tú un pequeño plato de arroz con pollo con tristeza o con alegría?
7. ¿Trata de engañarte o de ayudarte tu profesor?
8. ¿Quieres tú porciones grandes o pequeñas?

3. El momento de verdad

Este cuento se trata de Osvaldo, un joven rico y guapo.° Es un atleta magnífico con músculos grandes. **guapo** handsome
Juega al tenis, al futbol y a la pelota vasca.° Es box- **pelota vasca** similar to handball
eador hábil,° bailador excelente, buen cantante y gran **hábil** clever
hablador. Cuando va a jugar con su universidad, todas
las chicas vienen al frontón° o al campo de juego° para **frontón** court
admirarlo. Cuando ayuda a su equipo° a ganar el juego, **campo de juego** playing field
todo el mundo grita° con alegría. **equipo** team **grita** shouts

Al fin del semestre llegan los exámenes. Al mirar el
examen no se divierte° mucho. Por eso mira sus mús- **se divierte** have a good time, amuse himself
culos. Pero no puede hallar en ellos las respuestas a las
preguntas. Recibe una nota de cien por ciento.° **por ciento** percent

No obstante° se pone° triste porque recibe cuarenta **no obstante** however **se pone** he becomes
por ciento en biología, cincuenta en historia y diez en

8

matemáticas. La suma es cien por ciento. Por eso se
pone triste. Tiene miedo a° su padre porque tiene que **tiene miedo a** is afraid of
dejar° la universidad y asistir a otra escuela. **dejar** to leave

Manda una carta a su hermano contándole° la triste **contándole** relating to him
noticia° en que escribe: "¡Prepara a papá, por favor!" **noticia** news

Al día siguiente recibe un telegrama: "Papá está
preparado. ¿Estás preparado tú?"

I. Arrange the Spanish to form complete sentences.

1. Osvaldo es (pelota, a la, un atleta magnífico, y juega).
2. Todas las chicas (para admirarlo, vienen, de juego, al campo).
3. (se divierte, no, cuando, llegan) los exámenes.
4. Se pone triste porque (en, por ciento, cuarenta, recibe, biología).
5. (estudiar, va a, otra universidad, en) porque recibe malas notas.
6. Escribe una carta triste (contando, noticias, las, su, a, hermano mayor).
7. El joven quiere saber (está, si, preparado, padre, su).
8. Papá está preparado pero (quiere saber, está, si, preparado, hermano, su, Osvaldo).

II. Answer the following in complete Spanish sentences.

1. ¿Cómo es Osvaldo?
2. ¿Con quién juega?
3. ¿Quiénes lo admiran?
4. ¿Se divierte al mirar el examen?
5. ¿Qué nota recibe en matemáticas?
6. ¿Va Osvaldo a dejar esta universidad?
7. ¿A quién escribe una carta?
8. ¿Cuándo recibe un telegrama?

III. Questions for written or oral expression:

1. ¿Eres tú guapo o feo?
2. ¿Juegas tú con tu escuela superior o asistes a los juegos?
3. ¿A quién admiras más? ¿A tu papá, a tu mamá, a tu amigo o a tu amiga?
4. ¿Te diviertes tú cuando miras el examen?
5. ¿Qué nota recibes en matemáticas?
6. ¿Vas tú a dejar tu escuela superior?
7. ¿Te gusta escribir cartas?
8. ¿Recibes tú cartas o telegramas?

9

4. Cortesía o inteligencia

La señora Sánchez visita a su amiga, la señora López.
Es acompañada de su hijito, Carlos. Como Carlitos es
demasiado joven para asistir a la escuela primaria, va
siempre con su madre.

Para divertir al niño la señora López le da a Carlitos
una baraja de naipes.° El muchacho empieza a jugar a los
naipes. Mientras tanto las dos señoras toman café
fuera, en el patio. Hace buen tiempo° pero hace demasiado calor° en la casa. Se divierten mucho char-
lando° de vestidos, de sombreros y de otras amigas.

Carlitos ve una cajita° de dulces° sobre la mesa.
Deja de° jugar y mira los chocolates y turrones°
deliciosos sin hacer ruido, sin decir palabra. La señora

baraja de naipes deck of cards

hace buen tiempo it is nice weather
hace demasiado calor it's too hot
charlando chatting

cajita little box
dulces candy, sweets
deja de stops
turrones Spanish candy

10

López, observa cómo Carlitos mira los dulces, y le
ofrece la cajita. La señora ve con sorpresa que el niño
tiene agarrados° los naipes y no toca° los dulces. No
obstante sigue mirándolos.

tiene agarrados holds
on to
toca touches

—Yo sé que tú eres un niño muy cortés— dice ella.
—Es por cortesía que tú no tomas los dulces. Por eso
voy a dártelos yo misma.

Entonces ella pone la mano en la cajita y saca° una
gran cantidad de dulces. El niño deja caer° los naipes y
acepta el regalo con alegría.

saca takes out
deja caer drops

—Muchas gracias, señora— dice. Pero no es por
cortesía que no tomo los dulces yo mismo. Tengo la
mano muy pequeña. Su mano, señora, es mucho más
grande que la mía.

I. Indicate whether each statement is true or false.

1. La señora Sánchez visita a Carlos.
2. Carlitos va con su madre porque es guapo.
3. El niño juega a los naipes.
4. Las señoras no toman café en la casa porque hace calor.
5. El muchacho mira a las señoras.
6. Ella ofrece chocolates al muchacho porque piensa que es cortés.
7. Ella toma muchos naipes.
8. Carlitos no toma turrones y chocolates de la cajita porque la mano de la
   señora López es más pequeña que la mano de él.

II. Answer the questions in complete Spanish sentences.

1. ¿Por qué acompaña Carlos siempre a su madre?
2. ¿Qué hace el niño en la casa?
3. ¿Por qué toman café en el patio?
4. ¿Cómo se divierten?
5. ¿Por qué deja de jugar el niño?
6. ¿Le gustan a Carlos dulces?
7. ¿Cuántos dulces saca ella de la cajita?
8. ¿Por qué no desea él tomar dulces de la cajita?

III. Questions for written or oral expression:

1. ¿A quién acompañas tú?

2. ¿Qué haces después de las clases? ¿Estudias o juegas a los naipes?
3. ¿Tomas tú café, té o leche?
4. ¿Cómo te diviertes? ¿Jugando a la pelota, bailando o cantando?
5. ¿Dejas tú de jugar cuando tienes hambre o cuando quieres estudiar?
6. ¿Te gustan dulces?
7. ¿Comes una gran cantidad de dulces?
8. ¿Es tu mano más grande o menos grande que la mano de tu padre?

5. El matasanos°

el matasanos the quack doctor

El doctor Castro tiene muy pocos clientes. Un día su enfermera° le dice:

—Doctor Castro, hay un enfermo° que lo espera.

—¡Dale el número diez y déjalo° entrar después de treinta minutos!— dice el médico. —De esta manera pensará que tengo muchos enfermos.

Al fin entra el enfermo en la oficina del doctor Castro.

—¿Qué tiene Ud., señor?

—Tengo dolor de cabeza° todo el tiempo y no puedo aguantar° la luz del sol. Creo que no estoy bien.

—¡Abra la boca, por favor! (El señor abre la boca.)

enfermera nurse
enfermo patient, sick person
déjalo let him

dolor de cabeza headache
aguantar to stand

13

Después de mirarle la lengua° atentamente, dice: **lengua** tongue
—Señor, no voy a darle medicinas. Creo que Ud.
descansa° demasiado. Por eso le mando solamente dar   **descansa** rest
largos paseos° todos los días en lugar de°dormir la siesta.   **dar paseos** to take walks
—No puedo hacerlo, doctor. No puedo aguantar la   **en lugar de** instead of
luz del sol.
—Pues bien, Ud. puede andar por la noche, señor.
—Pero yo ando mucho.
—¡Bueno! Ud. debe andar más.
—Pero, señor, mi trabajo . . .
—Si su profesión no le permite pasearse tanto,
¡cambie° de trabajo!   **cambie** change
—Pero, doctor, . . .
—Si sabe más que yo, ¿por qué viene Ud. a consul-
tarme? A propósito, ¿cuál es su empleo? ¿Es Ud.
ingeniero, abogado,° vendedor, trabajador, comer-   **abogado** lawyer
ciante, fabricante?
—¡No, señor! Soy sereno,° guardián nocturno.   **sereno** night watchman
—¡Déjeme ver su lengua otra vez, por favor!

I. Complete these sentences with one of the words in parentheses.

1. Un matasanos es un médico que trata de (esperar, engañar, matar, mirar) a los enfermos.
2. El enfermo espera media hora (antes de, después de, al) ver al médico.
3. El señor tiene (frío, calor, dolor de cabeza, miedo).
4. No le gusta (la luz, abrir la boca, pagar, pasearse).
5. El médico mira (la lengua, la mano, la boca, la cabeza) del señor.
6. Según el médico, el señor debe dar paseos en lugar de dormir (por la mañana, por la tarde, por la noche).
7. El señor anda mucho todas las noches porque es (guardián nocturno, abogado, vendedor, fabricante, comerciante).
8. El matasanos quiere ver la lengua del sereno otra vez después de (pasearse, engañarse, darle el número, cambiar de profesión).

II. Answer the questions in complete Spanish sentences.

1. ¿Cuántos clientes tiene el doctor Castro?
2. ¿Qué número le da la enfermera al enfermo?
3. ¿Qué pensará el enfermo al recibir un número?

14

4. ¿Qué tiene el enfermo?
5. ¿Qué le manda hacer el médico en lugar de dormir la siesta?
6. ¿Qué es lo que no puede aguantar el enfermo?
7. ¿Cuál es el empleo del señor?
8. Al fin, ¿qué dice el doctor Castro?

III. Questions for written or oral expression:
1. ¿Cuántos clientes tiene tu médico?
2. ¿Recibes un número en la oficina de tu médico? ¿O lo recibes en una tienda?
3. Si tú no quieres comer, ¿qué pensará tu madre?
4. ¿Estás bien o enfermo?
5. ¿Te gusta dar paseos o te gusta más descansar?
6. ¿Qué no puedes aguantar?
7. ¿Cuál es el empleo de tu padre?
8. ¿Qué piensas de este médico?

6. Un muchacho terrible

El perro comienza a aullar porque Jaime está halando° **halando** pulling
el rabo del pobre animalito.

—¡Jaime!— grita la madre. —¡No molestes° al pe- **molestes** bother
rrito! ¡No debes halar el rabo!

—El perro hace aúlla, pero yo no le halo el rabo—
responde el muchacho desagradable.—Lo tengo agarrado solamente. Es el perro que está halando.

Al día siguiente aparece en México, en el estado de
Michoacán donde vive la familia de Jaime, un nuevo
volcán, el Paricutín. Los padres del niño tienen miedo° **tienen miedo** are afraid
del volcán porque puede destruir su pueblo. Deciden
mandar al niño con los abuelos que residen en Ciudad
Juárez. Van al aeropuerto donde está el aeroplano.

Durante el viaje Jaime se comporta° como siempre. **se comporta** behaves
No deja descansar ni dormir a los pasajeros. Corre por

el avión gritando como un loco. La camarera° que sirve
la comida es una joven muy cortés, pero está muy
enojada° por la conducta del muchacho. Al fin, ella le
dice: —¡Siéntate o juega fuera!— Pero el niño con-
tinúa corriendo y haciendo mucho ruido.°
Al llegar al aeropuerto, la camarera y todos los pasajeros enojados dan gracias a Dios porque no van a
ver a Jaime otra vez.
Los abuelos están muy contentos de ver a su nieto.°
Después de dos días los padres de Jaime reciben este
telegrama de los abuelos:
"Llévense° a Jaime y mándennos el Paricutín."

camarera stewardess

enojada angry, annoyed

haciendo ruido making noise

nieto grandson

llévense take

Choose the phrase which correctly completes the sentence.

1. El perro aúlla porque
   a) Jaime va a residir en Ciudad Juárez.
   b) el muchacho hala el rabo del perro.
   c) la madre empieza a hacer ruido.
   d) el pequeño muchacho está gritando.
2. Los padres de Jaime viven en
   a) el Paricutín.
   b) Ciudad Juárez.
   c) el estado de Michoacán.
   d) los Estados Unidos.
3. Los pasajeros están enojados porque Jaime
   a) se comporta bien.
   b) hace mucho ruido.
   c) dice que todo el mundo es loco.
   d) conduce el aeroplano.
4. Le dice la camerera a Jaime:
   a) —Tú eres muy desagradable.
   b) —¡Juega fuera del avión!
   c) —¡Ve al Paricutín!
   d) —Estoy enojada por tu conducta.
5. Los abuelos mandan un telegrama a los padres
   a) porque prefieren un volcán a su nieto.
   b) porque están contentos de ver a Jaime.
   c) porque quieren dar gracias a Dios.
   d) porque enoja a la camarera.

17

7. Mucho sabe quien sabe callar

Alejandro Reyes visita un pequeño pueblo mexicano el diez y seis de septiembre. Quiere ver cómo bailan los habitantes el jarabe tapatío.° Es una fiesta nacional para celebrar el comienzo de la guerra de independencia. Los hombres se visten de charro° y las mujeres de china poblana.°

Alejandro ve a una hermosa muchacha que está mirando a los bailadores. Se acerca a° ella y dice: — Señorita, permítame presentarme a Ud. Me llamo Alejandro Reyes, estudiante en la Universidad de México. Quisiera° tener el honor de bailar con Ud.

Como es muy guapo y habla con cortesía, ella acepta su invitación. Durante el baile Alejandro quiere darle una buena impresión. Alejandro habla con mucha exa-

jarabe tapatío a Mexican dance

charro cowboy

china poblana cowgirl

se acerca a approaches

quisiera I would like

geración de sus estudios (inventados), de su familia rica (solemente en hijos), de su perfección como atleta (le gusta jugar a los naipes) y de sus bellas amigas (que existen solamente en su imaginación).

La joven, que es muy inteligente, comprende inmediatamente que no está diciendo la verdad, pero no le dice que no cree sus mentiras.°   **mentiras** lies

Al fin de la fiesta, él le pregunta: —¿Puedo acompañarla a su casa?

—¡No, gracias!— dice ella. —No es necesario. Mi chofer está esperándome.

—¿Me da Ud. permiso de telefonearla?

—¡Sí, señor!

—¿Cuál es su número de teléfono?

—Ud. lo hallará° en la guía de teléfonos. La guía   **hallará** will find contiene todos los números.

—¿Cómo se llama Ud., señorita?

—Ud. hallará mi nombre en la guía también.

Y con estas palabras, ella se va.

Choose the phrase which best completes the sentence.

1. Se celebra el diez y seis de septiembre
   a) el Día de la Raza.
   b) el aniversario de Alejandro.
   c) el baile nacional.
   d) una fiesta mexicana.
2. El joven invita a bailar a
   a) un mexicano vestido de charro.
   b) una niña vestida de china poblana.
   c) una hermosa muchacha que no está bailando.
   d) un estudiante de la Universidad de México.
3. Mientras está bailando, Alejandro
   a) empieza a hablar de su pobreza.
   b) comienza a decir mentiras.
   c) comienza a jugar a los naipes.
   d) empieza a hablar a las amigas de la muchacha.
4. Mientras bailan, ella
   a) dice que el joven miente.

b) dice que ella tiene muchas amigas.

c) no dice nada.

d) dice que el chico es atleta.

5. Después de la fiesta

a) él acompaña a la muchacha a su casa.

b) ella le da su número de teléfono.

c) ella le dice cómo se llama.

d) ella se va sin darle una buena respuesta.

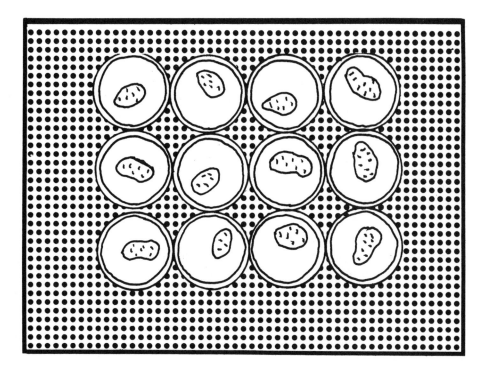

8. Una novia nerviosa

Cristóbal Baroja e Inés Galdós son novios. Por eso invitan los Galdós a los Baroja a cenar° con ellos. La señora Galdós quiere dar buena impresión. Así enseña a su hija a poner la mesa° y a servir la comida correctamente.

—Al servir las legumbres,° hija— dice la madre a la novia, —¡no las mezcles!° ¡Pon las legumbres sobre platos distintos!°

—Sí, mamacita— responde Inés, sin comprender lo que dice la madre.

Al llegar los Baroja, les saluda la señora Galdós cordialmente:

—¡Sean bienvenidos!°

—¡Están en su casa!— añade° el señor Galdós.

cenar to dine, have dinner

poner la mesa to set the table

legumbres vegetables

no mezcles don't mix

distintos different

¡Sean bienvenidos! Welcome!
añade adds

21

Se sientan en la sala y el señor Galdós les sirve a todos un vaso de Jérez.

—¡Salud y pesetas!° — dicen antes de beber el vino. ¡Salud y pesetas! a toast (Health and money!)

Entonces entran en el comedor. —Inés— dice su madre, —ahora puedes traer las albóndigas° y la carne asada° con papas y habichuelas.°

albóndigas meatballs
carne asada roast beef
habichuelas beans

La novia entra en la cocina pero regresa después de algunos minutos.

—Mamacita— dice en voz baja, —estoy muy nerviosa y necesito tu ayuda.

Al entrar en la cocina, la madre ve con sorpresa que hay una docena de platos sobre la mesa, cada uno con una sola papa.

—Tú ves, mamacita, si tengo que poner las legumbres sobre platos distintos, necesito por lo menos quinientos platos para llevar las habichuelas.

I. Complete the numbered statements with the proper expression:

1. Los Galdós invitan a los padres de Cristóbal
2. Inés va
3. La madre dice: —¡Pon las legumbres
4. La hija dice:—¡Sí, mamá!—Pero
5. Al llegar los Baroja, la señora Galdós dice:
6. El señor Galdós dice:
7. Antes de beber el vino dicen:
8. Al salir de la cocina, Inés dice:
9. Al ver todos los platos
10. E Inés dice:

a) —Estoy nerviosa. Necesito tu ayuda.
b) —¡Salud y pesetas!
c) —Necesito quinientos platos para las habichuelas.
d) a cenar.
e) —¡Están en su casa!
f) a servir la comida.
g) la madre mira con sorpresa.
h) sobre platos distintos!
i) —¡Sean bienvenidos!
j) no comprende lo que su madre dice.

II. Answer the following in complete Spanish sentences.

1. ¿A quiénes invitan los Galdós a cenar?
2. ¿Para qué enseña la madre a su hija a poner la mesa?
3. ¿Dónde tiene ella que poner las legumbres?
4. ¿Cómo saludan a los Baroja?
5. ¿Qué dicen antes de beber el vino?

6. ¿Qué carne van a servir?
7. ¿Por qué mira la madre con sorpresa?
8. ¿Cuántos platos necesita para las habichuelas?

III. Questions for written or oral expression:
1. ¿A quién invitas tú a cenar?
2. ¿Quién pone la mesa y sirve la comida en tu casa?
3. ¿En tu casa pone tu madre todas las legumbres en un solo plato o en platos distintos?
4. ¿Cómo saludas a tus amigos?
5. ¿Qué dices al llegar tus amigos?
6. ¿Cuál es tu plato favorito?
7. ¿Cómo consideras tú una nota de cien por ciento en tu examen de español?
8. ¿Cuántos platos necesitas tú por lo menos para cenar solo?

9. ¡Buen provecho!

El señor Jones visita a España por primera vez. Va a quedarse° allí por un mes. Pasa la primera semana de sus vacaciones en un parador° situado en los jardines de la Alhambra en Granada.

quedarse to remain

parador government hotel

El lunes, se despierta temprano y pasa algunas horas paseándose por las calles de esta ciudad pintoresca. Mira bibliotecas, museos, teatros, cines, iglesias y toda clase de edificios. Después de dormir la siesta escucha una orquesta que está tocando canciones populares en el jardín. A las ocho de la noche entra en el comedor del hotel. Se sienta a una mesa donde está sentado un señor distinguido. El señor se levanta y le dice al señor Jones: —¡Buen provecho!°

¡Buen provecho! Hearty appetite!

El señor Jones, que no comprende el español, responde: —¡Sam Jones!

Van comiendo en silencio porque el señor español no habla inglés.

Al día siguiente, el señor Jones toma el mismo asiento en el comedor.

—¡Buen provecho!— dice el español.

Y el señor Jones vuelve a contestar:° —¡Sam Jones!

Después de la comida, el norteamericano se encuentra con° un amigo suyo que habla español muy bien. Le cuenta el incidente al amigo. Le explica su amigo que "Buen provecho" no es el nombre del señor. Es una expresión de cortesía que quiere decir° "¡Coma Ud. con buen apetito!" El señor Jones está muy contento de aprenderlo.

Al tercer día, el señor Jones se sienta a la mesa muy temprano, a eso de las siete menos cuarto. Al momento de entrar el señor distinguido, Sam Jones se levanta rápidamente y dice al señor español con una sonrisa° amigable: —¡Buen provecho!

Y el señor, al oír esto, responde con una sonrisa de alegría: —¡Sam Jones!

vuelve a contestar again answers

se encuentra con meets

quiere decir means

sonrisa smile

I. Indicate whether each statement is true or false and find the words in the story that support your answer.

1. El señor Jones visita a España una vez por año.
2. Pasa algunas horas paseándose por las calles de Granada.
3. Un caballero español le dice —¡Buen provecho!— cuando el señor Jones se sienta a su mesa.
4. El señor Jones que comprende el español contesta: —¡Buen provecho!
5. Después de dormir la siesta el español asiste a un concierto.
6. El amigo explica lo que quiere decir esta expresión de cortesía.
7. Cuando el señor Jones regresa al parador al tercer día, dice:—Me llamo Sam Jones.
8. Y el español responde: —¡Sam Jones!

II. Answer the following in complete Spanish sentences.

1. ¿De dónde es el señor Jones? ¿De España o de los Estados Unidos?
2. ¿En qué ciudad pasa la primera semana?
3. ¿Dónde vive él cuando está en Granada?

4. ¿Con quién se sienta?
5. ¿Qué dice el señor distinguido al entrar Sam Jones la primera vez?
6. ¿Qué responde Sam Jones?
7. ¿Qué explica el amigo a Sam Jones?
8. ¿Cuál es la respuesta del señor español cuando Sam Jones dice: —¡Buen provecho!—?

III. Questions for written or oral expression:

1. ¿En qué país vives tú?
2. ¿En qué ciudad vives tú?
3. ¿Te gusta vivir en un hotel o en tu casa?
4. ¿Con quién te sientas en el comedor de la escuela superior?
5. ¿Qué dices a tus amigos antes de comer?
6. ¿Qué respondes tú cuando tu amigo te dice: —¡Buen provecho!—? ¿Dices buen provecho, buenos días o hasta la vista?
7. ¿Cuándo dices tú —¡Buen provecho!—?
8. ¿Qué dices antes de beber un vaso de vino?

10. Yo no comprendo

Un francés muy rico, cansado de trabajar, acaba de vender° su negocio.° Un amigo suyo le escribe una carta invitándolo a visitarlo en Sudamérica. El francés se compra un billete de avión y en este momento está en Buenos Aires después de un viaje de veinte horas. Pasa el primer día andando por las grandes avenidas. El francés admira los rascacielos° y los edificios.

    Por la mañana se encuentra con un grupo de personas saliendo de una iglesia. ¿Qué pasa? Es una boda.° Naturalmente, quiere saber quién acaba de casarse.° Pregunta en francés, a un porteño,° el nombre del marido.° El argentino no comprende lo que dice el francés. Se encoge de hombros° y responde: —Señor, yo no comprendo.

acaba de vender has just sold
negocio business

rascacielos skyscrapers

boda wedding
casarse to marry
porteño inhabitant of Buenos Aires
marido husband
se encoge de hombros shrugs his shoulders

27

El francés piensa que el nombre del marido alegre es
Yono Comprendo.

Al mediodía se encuentra con otro grupo de personas
en la calle. Ve a un hombre caído° en el suelo con la   caído fallen
cara cubierta de sangre,° víctima de un accidente.   sangre blood

—¿Quién es este hombre?— pregunta en francés.

Y el francés vuelve a recibir la misma respuesta:
—Señor, yo no comprendo.

El francés se pone triste y se dice: —¡Pobrecito! Se
ha casado este joven hace poco tiempo y ahora está a
punto de morir. Creo que va a morir.

Por la tarde se encuentra con un cortejo fúnebre.°   cortejo fúnebre funeral
Se acerca a una mujer que está llorando° amargamente.   procession
Le hace su pregunta acostumbrada. La mujer, sin cesar   llorando crying
de llorar, dice:

—Se . . . ñor, yo . . . no . . . com . . . pren . . . do.

El francés grita con sorpresa: —¡Es imposible creer-
lo! El pobre señor Yono Comprendo, casado, víctima
de un accidente y muerto en un solo día.

I. Complete the numbered sentences to get a summary of the story.

1. El rico negociante acaba de
2. Ha recibido una invitación
3. El francés está en
4. Ve una procesión de boda
5. Al pedir el francés el nombre del novio,
6. El francés piensa que el señor Yono Comprendo
7. A las doce se encuentra con
8. El francés se pone triste
9. Cuando pide el nombre del pobrecito,
10. Al oír lo que dice la mujer, el francés grita:

a) Buenos Aires en este momento.
b) acaba de casarse.
c) —Pobre Yono Comprendo, casado, y muerto en un día.
d) vender su negocio.
e) que sale de una iglesia.
f) un porteño contesta: —Yo no comprendo.
g) recibe la misma respuesta: —Yo no comprendo.
h) una víctima cubierta de sangre.
i) al ver al pobre hombre en el suelo.
j) de un amigo que vive en la América del Sur.

II. Answer the following in complete Spanish sentences.

1. ¿Qué se ha comprado el francés después de vender su negocio?
2. ¿De dónde sale la procesión de boda?
3. ¿Por qué responde el porteño —Yo no comprendo— a la pregunta del francés?
4. ¿Qué piensa el francés cuando el argentino dice: —Yo no comprendo?
5. ¿De qué está cubierta la cara del hombre caído en el suelo?
6. ¿Cómo se pone el francés cuando ve a la víctima a punto de morir?
7. ¿Quién está llorando al ver pasar el cortejo fúnebre?
8. ¿Cómo grita el francés cuando piensa que el recién casado está muerto?

III. Questions for written or oral expression:

1. ¿Deseas viajar por auto, por tren o por avión para ir a España?
2. ¿En qué día de la semana van muchas personas a la iglesia?
3. ¿Comprendes tú bien el francés, el italiano, el español o el inglés?
4. ¿Qué quiere decir "Yo no comprendo" en inglés?
5. ¿Estás sentado en tu asiento, levantado o caído en el suelo?
6. ¿Cómo te pones al recibir tu nota de español?
7. ¿Lloras mucho cuando tus padres ven tus notas? ¿O lloran tus padres?
8. ¿Estás casado, cansado, muerto o escuchando al profesor?

11. ¿Cómo aprenden los niños?

Violeta está estudiando porque mañana va a sufrir un examen.° Su papá está sentado en su butaca° leyendo el periódico.

   —Papá— dice ella tímidamente, —¿me permites hacerte unas preguntas? Quiero salir bien° en mi examen de geografía.

   —¡Cómo no! ¿Qué quieres saber?— dice el padre bajando el periódico.

   —¿Cuál es la capital del Brasil?

   —Río de Janeiro— dice el padre.

   —¡No, papá! ¡Dime el nombre de la nueva capital!

   —Ya no me acuerdo de° eso. Lo siento mucho.

   —Papá, ¿qué es el ombú?°

   —Eso lo sé yo. Lo tengo en la punta de la lengua pero se me olvidó.°

sufrir un examen to take an exam
butaca armchair

salir bien to do well

me acuerdo de I remember
ombú a tree found in Argentina

se me olvidó I have forgotten it

—Papá, ¿qué es el Iguazú?° **el Iguazú** a waterfall between Brazil and Argentina

—¿El Iguazú? Creo que es un animal pero no sé dónde vive.

Violeta, cansada de hacer preguntas sin recibir respuestas correctas, se calla.° Su padre empieza a creer que su hija tiene algo.° **se calla** keeps quiet **tiene algo** has something the matter with her

—¿Qué te pasa, hijita?

—No tengo nada, papá.

—¿No tienes más preguntas? ¿Has completado tu tarea, hijita?

—Tengo muchas preguntas pero no quiero enojarte.° No quiero traerte mis problemas cuando estás cansado y deseas leer el periódico o quieres dormirte. **enojarte** to annoy, anger

El padre deja caer su periódico y dice: —¡No seas° tonta! ¡No tengas miedo de hacerme preguntas! ¡Ten confianza en tu papá! ¡Mira! Si tú no haces preguntas, ¿cómo vas a aprender? **¡No seas** Don't be

I. Arrange the Spanish words to form a sentence.

1. va a, examen, muchacha, sufrir, un, una.
2. salir, ella, el, bien, quiere, en, examen.
3. a su, preguntas, hace, padre.
4. padre, pero, sabe, respuestas, no, su, las.
5. Iguazú, él, piensa que, el, animal, es, un.
6. le da, respuestas, otras, tontas.
7. no hace, cuando, preguntas, ella, más.
8. que ella, está, cree, enferma.
9. le, padre, su, dice—
10. ¿vas a aprender, no haces, si, preguntas, cómo?

II. Answer the following in complete Spanish sentences.

1. ¿Qué va a sufrir Violeta mañana?
2. ¿Qué hace el padre cuando está sentado en la butaca?
3. ¿Por qué hace ella preguntas a su padre?
4. ¿Qué dice su padre al bajar el periódico?
5. ¿Sabe su padre el nombre de la nueva capital del Brasil?
6. ¿Qué tiene el padre en la punta de la lengua?
7. Según el padre, ¿qué es el Iguazú?
8. ¿Por qué no quiere Violeta hacer más preguntas?

9. ¿Qué dice al dejar caer su periódico?
10. Para aprender, ¿qué tiene Violeta que hacer?

III. Questions for written or oral expression:
1. ¿Te gusta sufrir un examen?
2. ¿Se sienta tu padre en una butaca o en una silla?
3. ¿Te gusta salir bien o mal en un examen?
4. ¿Qué haces para aprender las noticias?
5. ¿Cómo se llama la nueva capital del Brasil?
6. ¿Cómo se llama un árbol de la Argentina?
7. ¿Cómo se llama una catarata (waterfall) entre el Brasil y la Argentina?
8. ¿Tienes miedo a tus padres o te tienen miedo a ti?
9. ¿Haces preguntas a tus vecinos cuando sufres un examen?
10. ¿Deseas tú una buena educación?

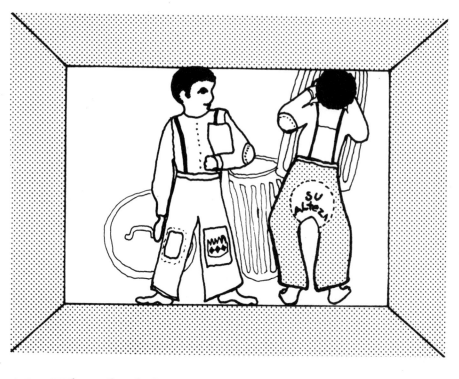

12. El rebelde

Se dice° que en este país vivimos en una democracia. **se dice** it is said
Pero en mi casa tenemos todavía una monarquía. Mi
padre es el rey,° y su esposa, mi madre, es la reina.° **rey** king
La hermana mayor es princesa, mi hermano menor es **reina** queen
príncipe, y yo, el hijo de ocho años, soy sirviente.° **sirviente** worker, servant
Cuando la reina necesita algo de la tienda de co-
mestibles° —una botella de leche, por ejemplo— ¿quién **tienda de comestibles** grocery store
tiene que obtenerlo? ¡El sirviente! Cuando el rey pone
fuera la basura,° ¿quién tiene que abrirle la puerta? **basura** garbage
¡El sirviente! Cuando tienen ganas de° salir los reyes **tienen ganas de** feel like
al cine, ¿quién tiene que guardar al príncipe? ¡El
sirviente! No me dejan en paz.
Se oye la voz de la reina que grita:° —¡Tomás, no **grita** shouts
molestes al nene!— (El nene ya tiene cinco años.)

—Pero él me tira° juguetes° a la cabeza, mamá.   tira throws
juguetes toys

—Es más pequeño que tú.

—¡Tomás, acuéstate!° Son las nueve— grita el rey.   acuéstate go to bed

—Pero, papá, quiero mirar la televisión hasta las once como Marta.

—Marta tiene ya diez años. Es más grande que tú.

Un día de fiesta, el Día de la Raza (el doce de octubre), llegan los parientes° —abuelos, tíos y primos.   parientes relatives
¿A quién traen juguetes? ¡Al príncipe! ¿A quién admiran? ¡Al príncipe!

—¡Mira, mira!— dicen. —Tiene los ojos azules de su madre, la boca grande de su padre, el pelo negro de su abuelo, y las orejas pequeñas de su abuela.

—Y tiene los pantalones amarillos de segunda mano del sirviente— me digo tristemente.

I. Complete these sentences with a word in parentheses.

1. En la casa de Tomás hay (una democracia, una monarquía, un estado socialista, un estado comunista).
2. Su hermanito es (reina, rey, sirviente, príncipe).
3. El rey pone fuera (algo de la bodega, a la reina, la basura, el gato).
4. El hermano menor tiene (cinco, quince, cincuenta, once) años.
5. Los padres permiten que (Tomás, Marta, el nene) mire la televisión hasta las once.
6. El nene golpea al hermano mayor con (la mano, el rabo, la basura, los juguetes).
7. El doce de (octubre, noviembre, diciembre, enero) vienen muchos parientes.
8. Dan juguetes (a Tomás, a Marta, al hermano mayor, al hermano menor).
9. El nene tiene el pelo negro de su (padre, madre, hermano, abuelo, primo, tío).
10. Y tiene los (buenos, nuevos, viejos, largos) pantalones amarillos de Tomás.

II. Answer the following in complete Spanish sentences.

1. ¿Qué hay en la casa de Tomás?
2. ¿Quién es el rey de su casa?
3. ¿Qué es el hermano menor?
4. ¿Quién pone fuera la basura en la casa de Tomás?

5. ¿A qué hora se acuesta Marta?
6. ¿Quién recibe regalos?
7. ¿De cuál pariente son los ojos azules del nene?
8. ¿De cuál pariente son los pantalones amarillos?

III. Questions for written or oral expression:

1. ¿Qué clase de gobierno tenemos en los Estados Unidos?
2. ¿Quién es el rey de tu casa?
3. ¿Tienes un hermano o una hermana menor?
4. ¿Quién pone fuera la basura en tu casa?
5. ¿Hasta qué hora miras tú la televisión?
6. ¿Cuándo recibes regalos? ¿En el Día de la Raza, en el aniversario de tu cumpleaños, en la Navidad o en el Día de los Reyes?
7. ¿De qué color son los ojos?
8. ¿Llevas pantalones o falda?

13. La tienda

Don Felipe es propietario de una farmacia. Vive en la aldea° de Salinas, en las afueras° de Ponce. Es un hombre muy importante. Todo el mundo lo consulta cuando uno necesita ayuda. Para los habitantes de Salinas, don Felipe no es solamente boticario° sino médico, abogado y amigo también.

aldea village
afueras outskirts

boticario pharmacist

El pequeño Jorge, niño de ocho años, entra corriendo y le pide algo para el dolor de estómago. El boticario, sin examinar al muchacho, toma un vaso. Contiene un líquido amarillo y se lo da a Jorge, diciendo:

—¡Bébelo inmediatamente, y bébelo todo!

—Pero, don Felipe . . .— dice el niño tratando de explicarle algo.

—No tengo tiempo para discusiones. ¡Bébelo sin

hablarme ahora! Si tienes algo que decirme, ¡dímelo° **¡dímelo** tell it to me
más tarde! Voy a esperar. No salgo de aquí.

El muchacho, con cara tristísima, se pone a beber y mira a don Felipe con tristeza. Pero el boticario sigue gritando: —¡Bébelo todo!

Cuando no hay más medicina en el vaso, don Felipe le dice a Jorge:

—Muy bien, chiquito. Ahora puedes hablarme. ¿Tienes algo que decirme?

—Sí, señor—dice el niño.—Ud. se ha equivocado.° **se ha equivocado** No soy yo quien tiene dolor del estómago. Es mi her- have made a mistake mano menor que está enfermo.

Choose the phrase which best completes the sentence.

1. En esta tienda se venden
   a) vasos.
   b) drogas.
   c) dulces.
   d) don Felipe.
2. El color de la medicina es
   a) negro.
   b) blanco.
   c) rojo.
   d) amarillo.
3. Don Felipe
   a) examina el estómago del muchacho.
   b) consulta a Jorge.
   c) bebe algo para el dolor de estómago.
   d) le da algo para el estómago.
4. El boticario grita —¡Bébelo todo!— de vez en cuando porque
   a) necesita el vaso.
   b) es un caballero muy guapo.
   c) el niño no está bebiendo.
   d) tiene algo que decir al niño.
5. Jorge tiene la cara muy triste porque
   a) es un muchacho que desea engañar al boticario.
   b) tiene dolor de estómago cuando entra en la farmacia.
   c) le gusta beber toda clase de líquidos.
   d) su pequeño hermano está enfermo.

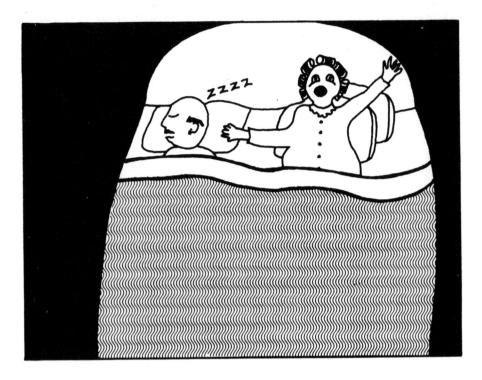

14. ¿Para qué sirven los ladrones? I

El señor Raimundo es propietario de una tienda donde
se venden instrumentos musicales. Todo el día sufre
mucho porque no le gusta la música moderna que tiene
que escuchar. Cuando llega la noche y regresa a casa,
desea un poco de descanso. Pero es imposible obtenerlo. Su hija pasa el día telefoneando a sus amigos.
Su hijo toca marimbas, maracas, claves y bongós. La
señora Raimundo toca el piano y el perro ladra para
acompañar a los otros músicos.

Al fin, gracias a Dios, llega la hora de acostarse. El
señor Raimundo, agotado,° se duerme en un instante.   **agotado** very tired
A eso de las dos de la mañana le despierta la señora:

—Francisco, ¡levántate! Hay ladrones° en la casa.   **ladrones** thieves

—¿Cómo lo sabes, Teresa?— pregunta.

38

—¡No pierdas el tiempo° haciéndome preguntas necias!° Te digo que hay ladrones en la casa. Pueden matarnos mientras que tú me haces preguntas necias. Tal vez tienes miedo de proteger a tu familia.

pierdas el tiempo waste time
necias stupid, dumb

—Pero, ¿cómo sabes que hay ladrones en la casa?

—Puedo oírlos— responde ella furiosa.

—¡No seas tonta, Teresa! Los ladrones no hacen ruido.

Unos minutos más tarde la señora despierta otra vez a su marido.

—¡Francisco, levántate! Estoy segura de que hay ladrones en la casa.

—Te dije que los ladrones no hacen ruido— dice él.

—Por eso creo que están en la casa. No oigo nada.

Choose the phrase which best completes the sentence.

1. Cuando vuelve a casa el señor Raimundo
   a) quiere vender instrumentos musicales.
   b) desea descansar en silencio.
   c) quiere oír la música moderna.
   d) desea sufrir mucho.
2. Es imposible obtener un poco de reposo porque
   a) el hijo toca el piano.
   b) su hija ladra.
   c) hay demasiado ruido.
   d) su mujer pasa el tiempo telefoneando.
3. Durante la noche llama al señor
   a) el perro.
   b) su mujer.
   c) un ladrón.
   d) su hijo.
4. La señora tiene miedo
   a) a los ladrones.
   b) a su marido.
   c) al hijo.
   d) a su familia.
5. Al fin ella piensa que hay ladrones en la casa
   a) porque hacen ruido.

b) porque ella no oye nada.

c) porque quieren matarla.

d) porque su marido tiene miedo.

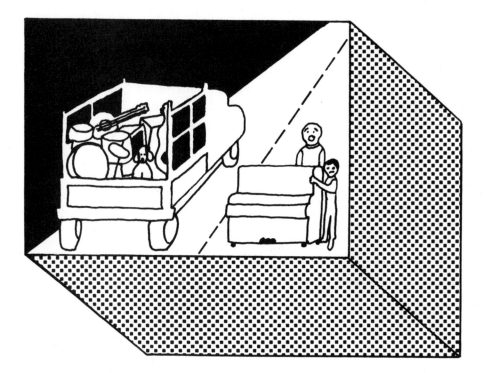

15. ¿Para qué sirven los ladrones? II

El señor Raimundo no tiene ganas de criticar la lógica
femenina ni de abandonar la cama. Desea seguir durmiendo. Pero su esposa no lo deja descansar. Al fin se
levanta, se pone los huaraches° y toma su escopeta.° huaraches sandals
escopeta gun
Muy lentamente entra en el patio para llegar a la sala.
Abre la puerta de la sala con miedo. Ante sus ojos hay
dos hombres. Están poniendo los instrumentos musicales de su hijo en grandes sacos. El perro feroz que ha
ladrado todo el día está dormido en una butaca.

Cuando los ladrones ven al señor con una escopeta en
las manos, se ponen muy nerviosos y tienen gran miedo.
Dejan caer los sacos y levantan los brazos.

—¡Por favor, señor, no tire!°— dice uno de ellos. tire shoot

—Somos ladrones decentes. Como se puede ver, entramos solamente en casas decentes.

—¡Silencio!— grita el señor Raimundo. —¡No me diga° estas tonterías!° Si Uds. no quieren hallarse en prisión, ¡llamen a sus camaradas por teléfono! Díganles que vengan inmediatamente con un camión° para sacar el piano también. ¡Y no olviden llevar el teléfono y el perro al salir de mi casa!

¡No me diga Don't tell me
tonterías foolishness
camión truck

Choose the phrase which best completes the sentence.

1. Cuando su mujer lo llama, el señor Raimundo
   a) quiere levantarse.
   b) quiere hablar con su esposa.
   c) quiere dejar dormir a su esposa.
   d) quiere descansar.
2. La sala está situada
   a) en el patio.
   b) al otro lado del patio.
   c) en el mismo lugar que tiene su escopeta.
   d) cerca de sus huaraches.
3. El perro no ladra más
   a) porque hay ladrones en la sala.
   b) porque está en el saco con los instrumentos.
   c) porque está durmiendo.
   d) porque es muy feroz y salvaje.
4. Los dos hombres tienen miedo
   a) del perro.
   b) de la escopeta.
   c) de la butaca.
   d) de los instrumentos musicales.
5. Al salir de la casa los ladrones tienen que llevar
   a) a la señora y al perro.
   b) a todo el mundo.
   c) solamente a los hijos.
   d) los instrumentos musicales, el teléfono y al perro.

16. Una sopa maravillosa

Un día de invierno un pordiosero° gitano° llama a la puerta de un campesino° castellano. Tiene mucha hambre y mucho frío.

—Señor— dice el gitano, —¡por Dios! ¡Permítame entrar para calentarme!° Hace mucho frío hoy.

El campesino lo deja sentarse delante de la estufa donde hay una marmita° con agua caliente. El gitano saca un palo corto del bolsillo° y dice a la campesina:

—Señora, ¿me permite Ud. poner este palo en el agua para hacer una sopa?

—¡Hacer una sopa de un palo!— exclama ella con sorpresa. —¡Cómo no!

Después de unos minutos le pide a la mujer una cebolla° para la sopa. Como no cuesta mucho, le da la

pordiosero beggar
gitano gypsy
campesino peasant

calentarme to warm myself

marmita pot
bolsillo pocket

cebolla onion

cebolla. El gitano nota que ella está muy interesada en su sopa maravillosa. El gitano pide y obtiene, uno tras otro, una papa, un pedazo de carne, habichuelas, garbanzos,° arroz, un pedazo de tocino,° y muchas otras legumbres. Al fin le pide sal, pimienta y pan. Pues, se sienta a la mesa, se come toda la sopa deliciosa, lava° el palo y lo da a la campesina como regalo.

garbanzos peas
tocino bacon
lava washes

El campesino, enojado del engaño,° dice: —Doy de comer a mi vaca porque me da leche, queso y mantequilla. Pero no me gusta dar de comer a un vagabundo.

engaño deceit

Pues, cogiendo° su escopeta, dice: —¡Toma aquel hacha cerca de la puerta y corta leña!° De otro modo, voy a tirar.°

cogiendo taking
leña wood
tirar to shoot

Al fin del día, da un pedazo de leña al vagabundo y le dice el campesino:

—Ahora tienes otro palo para hacerte una sopa maravillosa. Pero si no quieres ir al juzgado,° ¡haz° tu sopa en otra casa la próxima vez!

juzgado court, jail
haz make

I. Indicate whether these statements are true or false.

1. Un vagabundo entra en la casa de un campesino de Castilla.
2. El gitano quiere comer algo porque tiene mucha hambre.
3. El pordiosero se sienta sobre el fuego para calentarse.
4. Dice que desea preparar una comida con un pedazo de leña.
5. La mujer le pide si desea una cebolla.
6. Obtiene también un pedazo de carne y muchas legumbres de su papá.
7. Come todo el pan que recibe de la campesina.
8. Al fin lava el palo con la sopa y lo da a la campesina.
9. El esposo, muy enojado, le da golpes con un hacha.
10. El vagabundo no va a poder engañar a esta campesina otra vez.

II. Answer the following in complete Spanish sentences.

1. ¿Dónde vive el campesino?
2. ¿Qué tiempo hace aquel día?
3. ¿Para qué quiere entrar el gitano?
4. ¿Qué quiere hacer el pordiosero con el palo?
5. ¿Por qué le da ella una cebolla?
6. ¿Cuáles son otras dos cosas que pide el pordiosero?

7. ¿Qué hace el gitano después de recibir sal, pimienta y pan?
8. ¿De qué está enojado el campesino?
9. Si el gitano no corta leña, ¿qué va a hacer el campesino?
10. Si no quiere ir al juzgado, ¿dónde debe hacer su sopa la próxima vez?

III. Questions for written or oral expression:

1. ¿Dónde vives tú?
2. ¿Qué tiempo hace hoy? ¿Buen tiempo, mal tiempo, calor o frío?
3. ¿Cuándo quieres calentarte?
4. ¿De qué hace tu mamá sopa?
5. ¿Te gustan cebollas?
6. ¿Cuáles legumbres te gustan?
7. ¿Te lavas después de la comida o antes de comer?
8. ¿Cómo te sientes cuando recibes un cero?
9. ¿Con qué cortas tú leña?
10. ¿Quieres ir al juzgado?

17. La propina

Yo decidí aprender el español porque no quiero engañar° a nadie como engañé, sin intentarlo,° a un pobre mozo. Durante mis vacaciones me hallé en un buen hotel de Cuernavaca. El clima era excelente, la comida magnífica y las muchachas lindas y simpáticas. Pasaba horas enteras cerca de la piscina° charlando con ellas o escuchando la música de los pájaros.

    Llega la hora de regresar a los Estados Unidos. Acabo de entrar en el ómnibus en donde el mozo ha puesto mis maletas. Oigo una voz. Es el mozo que me dice: —Señor, la propina,° por favor.

    Como no sé el significado de esta palabra, le muestro mi pasaporte.

    —¡No, señor!— repite con énfasis. —¡La propina!

engañar to fool
intentar meaning to

piscina swimming pool

propina tip

Saco mi licencia para conducir° un coche pero el mozo repite las mismas palabras:

licencia para conducir driver's license

—¡La propina!

El chofer cierra la puerta y yo busco "la propina" en todos los bolsillos. El vehículo se pone en camino lentamente. Por la ventanilla enseño al mozo mi certificado de vacunación y mi certificado gremial° pero el mozo sigue gritando:

gremial union

—¡La propina, la propina!

Nos alejamos° rápidamente. A lo lejos veo al mozo corriendo tras el ómnibus gritando:

nos alejamos we move away

—¡La propina, la propina!

Yo pienso regresar a Cuernavaca el año que viene para pagar al desgraciado mozo. Me dicen que todavía está corriendo por la carretera panamericana gritando:

—¡La propina, la propina!

I. Complete the sentences with the proper word in parentheses.

1. El norteamericano fue a (México, los Estados Unidos, España, Puerto Rico).

2. Pasó mucho tiempo hablando (con el mozo, con un español, con las chicas, del clima).

3. A la hora de regresar a su país nativo, el mozo ha puesto sus vestidos en (el hotel, un auto, una maleta, la piscina).

4. Cuando el americano está en el vehículo, el mozo le pide (dinero, un ómnibus, las maletas, su nombre).

5. El americano no sabe lo que quiere decir la palabra (pasaporte, certificado, propina, significado).

6. Por eso saca (una propina, un certificado de la escuela, dinero, una licencia para conducir) de su bolsillo.

7. El chofer acaba de cerrar (la ventanilla, su bolsa, la puerta, el camino).

8. Al principio el ómnibus empieza a andar (con rapidez, en la otra dirección, lentamente, a Cuernavaca).

9. Al alejarse, ve todavía al mozo (corriendo al hotel, corriendo a la piscina, corriendo por el camino, cerca del coche).

10. El americano pasará sus vacaciones el año próximo en el mismo hotel porque (quiere dar una propina al mozo, le gustan las muchachas, desea nadar en la piscina, desea engañar al muchacho).

II. Answer the following in complete Spanish sentences.

1. ¿Por qué decidió aprender el español?
2. ¿Dónde está en este momento?
3. ¿Qué hacía cerca de la piscina?
4. ¿En qué vehículo acaba de entrar?
5. ¿Qué pide el mozo?
6. ¿Qué le muestra al principio?
7. ¿Qué saca entonces?
8. ¿Qué le muestra al fin?
9. ¿Quién conduce el ómnibus?
10. ¿Por qué va a regresar el año próximo?

III. Questions for written or oral expression:

1. ¿Por qué has decidido aprender una lengua extranjera?
2. ¿Dónde estás?
3. ¿En dónde nadas?
4. ¿En qué pones tus maletas cuando haces un viaje?
5. ¿Qué das al mozo después de cenar?
6. ¿Qué necesitas para viajar en un país extranjero?
7. ¿Qué necesitas para conducir un auto?
8. Si quieres trabajar, ¿qué necesitas frecuentemente?
9. ¿Está cerrada o abierta la puerta cuando conduces un coche?
10. ¿A dónde vas a pasar las vacaciones el año que viene?

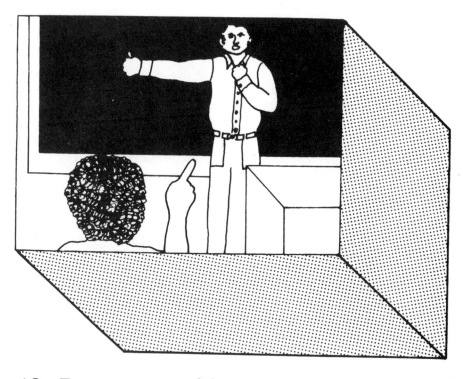

18. La puntuación

Fernando Quiñones, recientemente graduado por la
Universidad de San Marcos, es un joven de veintidós
años, guapo, atlético, inteligente e idealista. Su lema° lema motto
es: "No maldiga° la oscuridad; prenda° una candela." maldiga cures
prenda light
Por eso se hizo profesor y fue a enseñar a una escuela
secundaria en Santo Domingo.

Ahora se presenta a su clase por primera vez.

—Hoy vamos a aprender la importancia de la
puntuación— dijo a la clase. —Primeramente voy a
explicar los signos y las reglas de puntuación.

Blasco, el peor alumno de la clase, quiso interrumpir
la lección. Por eso hizo toda clase de preguntas necias.
Al fin, dijo: —¿Por qué ponemos dos puntos de inte-
rrogación y dos puntos de admiración, uno al principio

y otro al fin de la oración?°

Aunque° esta pregunta era buena, el profesor supo°
que Blasco no se interesaba en la respuesta. Por eso le
dio una respuesta chistosa:° —Escribimos dos puntos
porque tenemos dos ojos, un punto para cada ojo.
No obstante, si vienes a mi oficina después de la clase,
trataré de explicártelo mejor.

Blasco se enojo° porque no pudo enojar al maestro.
Este estudiante desagradable siguió haciendo preguntas
tontas para enojar al profesor, pero no tuvo éxito.° Al
ver que el maestro seguía sonriendo, dijo en voz alta:
—Creo que este maestro es muy ignorante.

Toda la clase se quedó atónita° pero el profesor, en
lugar de castigar° al malcontento, se quedó tranquilo.
Tomó una tiza,° fue a la pizarra y escribió la oración
siguiente: "El alumno descortés dice: Este maestro
es ignorante." —Ahora voy a cambiar el significado de
la oración sin cambiar las palabras.

Luego tomó el borrador° y la tiza para crear una
nueva oración: "—El alumno descortés— dice este
maestro, —es ignorante."

oración sentence
Aunque Although
supo knew

chistosa humorous

enojarse to get angry

tuvo éxito was successful

atónita astonished
castigar to punish
tiza chalk

borrador eraser

I. Complete each of the statements.

1. El nuevo maestro siempre dice:
2. Va a su clase
3. La lección trata de
4. El estudiante desagradable no se interesa
5. Blasco quiere saber
6. El maestro le da
7. Se escriben dos puntos
8. El peor muchacho se enoja
9. El alumno descortés dice:
10. En lugar de castigarlo
11. Pues, cambia los signos de puntuación
12. —El alumno descortés—

a) porque tenemos dos ojos.
b) para crear una nueva frase.
c) porque el maestro no se enoja.
d) los signos de puntuación.
e) una respuesta humorística.
f) por primera vez.
g) —Este maestro es ignorante.
h) el maestro escribe lo que dijo Blasco.
i) por qué se escriben dos puntos de admiración.
j) en una buena educación.
k) "¡No maldiga la oscuridad; prenda una candela!"
l) dice este maestro, —es ignorante.

II. Answer the following in complete Spanish sentences.

1. ¿Por qué universidad se ha graduado Fernando?
2. ¿Cuál es su lema?
3. ¿Qué se hizo el señor?
4. ¿Qué van a aprender el primer día?
5. ¿Por qué hizo Blasco preguntas necias?
6. ¿Por qué le dio el maestro una respuesta chistosa?
7. ¿Qué tratará de hacer si Blasco viene a su oficina?
8. Al ver que el maestro no se enojó, ¿qué dijo Blasco?
9. ¿Qué hizo el maestro en lugar de castigar al estudiante desagradable?
10. ¿Por qué ha tomado el borrador y la tiza?

III. Questions for written or oral expression:

1. ¿Por qué universidad vas a graduarte?
2. ¿Qué prendes si no hay luz?
3. ¿Qué vas a hacerte?
4. ¿Qué aprendes en esta clase?
5. ¿Qué recibes cuando haces preguntas necias?
6. ¿Das respuestas serias o chistosas a tu profesor?
7. Si no comprendes algo, ¿qué trata de hacer el profesor?
8. ¿Cómo es tu profesor?
9. ¿Te quedas atónito, tranquilo o enojado cuando el profesor te castiga?
10. ¿Con qué escribes en la pizarra?

19. El astronauta

Es el Día de la Raza. La familia Cruz estaba reunida en la sala después de la cena. Comparaban a los astronautas norteamericanos, que acaban de regresar a nuestra tierra después de su viaje fantástico a la luna, con Cristóbal Colón. ¡Qué valentía se necesita para hacer tal° viaje en el cielo!

tal such a

En este momento se oyó la voz de Pepito, niñito de seis años.

—Yo quiero hacerme astronauta también— dice. —No tengo miedo de ir a la luna ni de ir a las estrellas. Yo iré al sol.

—Pero Pepito— dijo el padre, —tú me decías siempre que querías ser policía o bombero° o soldado. Ahora

bombero fireman

deseas ser astronauta. ¿Sabes que es un trabajo muy difícil y peligroso?

—No tendré miedo— dijo el pequeño. —Soy más valiente que los otros astronautas. Y soy más valiente que Cristóbal Colón también.

—Chiquito—dijo la madre, —yo sé que eres muy valiente. Pero no podrás ir al sol porque es demasiado caliente. Es un globo de fuego° y el fuego te quemará.° ¿Qué harás para protegerte contra los rayos del sol?

—Me cubriré el cuerpo de loción. Y me pondré gafas° con lentes ahumados° como tú haces, mamacita, cuando vamos a la playa— respondió el niño.

—No es bastante protección, hijo— dijo la madre.

—Tengo una buena idea— dijo el pequeño aplaudiendo con alegría. —Haré el viaje al sol por la noche.

fuego fire
quemará will burn

gafas glasses
lentes ahumados tinted lenses

I. Complete the sentences by unscrambling the words in parentheses.

1. La familia Cruz estaba (después de, la sala, la cena, en).
2. Comparaban (con, a, astronautas, Colón, Cristóbal, los).
3. Pepito, niño de seis (hacerse, astronauta, años, quiere).
4. Tiene (al, ganas de, sol, ir).
5. Sabe que es un trabajo peligroso pero (en, tendrá, hacer, el cielo, miedo de, no, un viaje).
6. La madre sabe (su, es, muy, que, hijo, valiente).
7. El sol es un globo de fuego y (el, del, sol, lo quemará, fuego).
8. Para protegerse (y se, se cubrirá de, pondrá, loción, gafas).
9. Cuando van a la playa (lentes ahumados, madre, se, la, pone).
10. El pequeño (por, viaje, noche, hará, el, la).

II. Answer the following in complete Spanish sentences.

1. ¿Dónde se reunía la familia?
2. ¿Adónde regresan los astronautas?
3. ¿Adónde irá Pepito?
4. ¿Qué trabajo es muy peligroso?
5. ¿De quién es más valiente el niño?
6. ¿Qué sabía la madre de su hijito?
7. Según la madre, ¿qué pasará si va al sol?
8. ¿Cuál es la buena idea del pequeño?

III. Questions for written or oral expression:

1. ¿Dónde se reúne tu familia?
2. ¿Prefieres ir a la luna o quedarte aquí?
3. ¿Adónde irás en el verano? ¿A la playa, al campo, a las montañas o a un país extranjero?
4. ¿Te gusta una profesión peligrosa como la de bombero, policía o soldado?
5. ¿Eres tú valiente o cobarde?
6. ¿Qué piensa tu madre de ti?
7. ¿Qué harás tú para protegerte contra los rayos del sol?
8. ¿Qué piensas de la idea del niño?

20. Aquí se habla español

Se habla español en muchas partes de los Estados Unidos — en el estado de Texas donde viven un millón de chicanos, en Florida donde hay muchos cubanos y en el barrio° de Nueva York donde viven algunos millones de puertorriqueños. Según la estadística, la mayoría de estos hispanos, aunque hablan inglés, prefieren a veces ir de compras a tiendas cuyos° propietarios hablan español. Por eso, en muchas tiendas se ve este rótulo:° "Aquí se habla español." A veces son solamente los clientes que lo hablan. El propietario frecuentemente no sabe más que algunas palabras.

Un comerciante estableció una tienda de ropa en una vecindad de habla española. Día tras día no venía

barrio section of a city

cuyos whose

rótulo sign

nadie a comprar trajes porque faltaba el rótulo mágico.

Un amigo suyo, comerciante muy sabio, le dijo:

—Si quieres mejorar° tu negocio, debes poner el
rótulo en el escaparate.°

mejorar to improve

escaparate showcase

—Pero no sé ni hablar ni escribir una sola palabra de
esta lengua— declaró el comericante. —No me gusta
engañar a nadie.

—No importa—dijo el amigo suyo. —Vendré mañana
por la mañana y te ayudaré. Vamos a cambiar unas
palabras del rótulo ordinario.

Al día siguiente apareció este rótulo hábil:° Aquí no
se habla español, pero vendemos baratamente.

hábil clever

A partir de este momento,° el corazón del comerciante se llenaba° de alegría porque se llenaba su
tienda de clientes.

A partir de este momento
From this moment on

se llenaba filled

I. Complete the sentences with words from the narrative.

1. En Texas viven un millón de . . . .
2. Muchos . . . viven en "el barrio" de Nueva York.
3. Prefieren ir de . . . en tiendas cuyos propietarios hablan español.
4. Se vende . . . en la nueva tienda.
5. A veces los propietarios no saben más que unas . . . .
6. No tenía clientes porque no tenía el . . . en el escaparate.
7. Al principio no quiere poner el letrero porque no quiere engañar a . . . .
8. Un amigo suyo vendrá mañana por la mañana para ayudarle a . . . su negocio.
9. En el escaparate apareció este rótulo: "Aquí no se habla español pero vendemos . . . ."
10. El comerciante se puso alegre al ver tantos . . . .

II. Answer the following in complete Spanish sentences.

1. ¿Qué lengua hablan los chicanos, los cubanos y los puertorriqueños?
2. ¿Adónde prefieren ir de compras?
3. ¿Qué rótulo se ve en muchas tiendas?
4. ¿Dónde estableció una tienda de ropa?
5. ¿Por qué se dormía el propietario?
6. Si quiere mejorar su negocio, ¿qué debe poner en el escaparate?
7. ¿A quién le gusta engañar?

8. ¿Cuándo vendrá el amigo para ayudarlo?
9. ¿Qué rótulo apareció al día siguiente?
10. ¿Cómo estaba el comerciante al ver tantos clientes? ¿Triste, alegre, asombrado o cansado?

III. Questions for written or oral expression:

1. ¿Qué lengua hablas?
2. Para comprar vestidos, ¿vas de compras a una farmacia, a una panadería o a una tienda de ropa?
3. ¿Has visto este letrero en tu vecindad?
4. ¿Vives en un vecindario de habla española, inglesa, francesa o italiana?
5. ¿Te duermes o te quedas despierto en esta clase?
6. Si quieres mejorar tus notas, ¿qué debes hacer?
7. ¿A quién te gusta engañar?
8. ¿Qué harás mañana por la mañana?
9. ¿Prefieres hablar español o comprar barato?
10. Cuando tu profesor está ausente, ¿cuál es tu reacción?

21. La tarea

—¡Gregorio!— gritó la señora Martí. —¡Apaga° la tele- apaga   turn off
visión y ven a ayudar a Bárbara a hacer su tarea de la
escuela! Es más importante ayudar a ella que de mirar
el juego de futbol o leer el periódico. Este semestre
tienes la última oportunidad para ayudarla.

   —¿Por qué dices que es la última oportunidad para
ayudarla? ¿No va a asistir Bárbara a la escuela el semestre que viene?

   —¡Seguramente!— dijo la señora con sarcasmo.
—Pero el semestre próximo entrará en el tercer grado
de la escuela primaria. Y tú no sabes lo suficiente
para poder ayudarla allí.

   El señor Martí estaba muy enojado por el sarcasmo
de su esposa. Pero quería a su hijita y deseaba ayudarla. Dejó caer el periódico, apagó la televisió y se

puso a trabajar con Bárbara. Mientras trataba de contestar a sus preguntas, estaba pensando siempre en el match de futbol que acaba de ver en la televisión. Naturalmente hizo° muchos errores en la tarea. Al completar la tarea Bárbara le dio gracias a su padre por su ayuda.   **hizo made**

Al día siguiente la maestra hacía preguntas sobre la lección preparada en casa. A cada pregunta, Bárbara levantó la mano porque pensaba que sabía las respuestas. Desafortunadamente, la mayor parte de sus respuestas estaban mal.

La maestra le dijo con sorpresa: —Yo no puedo comprender cómo una sola persona puede hacer tantos errores, Bárbara.

Bárbara miró a la profesora un momento y dijo: —Señora, Ud. se equivoca. Una sola persona no ha hecho tantos errores. Mi padre me ha ayudado con mis tareas.

Choose the phrase which best completes the sentence.

1. El señor Martí mira
   a) un libro que trata de un match de futbol.
   b) un periódico que trata de un match de futbol.
   c) la televisión donde hay un match de futbol.
   d) un match de futbol en un campo de juego.
2. La senora piensa que su marido
   a) es muy inteligente.
   b) es tonto.
   c) quiere ayudar a su hijita.
   d) ayudará a su hija el semestre que viene.
3. Mientras ayuda a Bárbara, piensa el padre
   a) en el periódico.
   b) en la tarea.
   c) en el sarcasmo de su esposa.
   d) en el match de futbol.
4. El padre responde a las preguntas de su hija
   a) muy bien.
   b) sin faltas.
   c) muy mal.
   d) con sarcasmo.

5. La profesora piensa que
   a) el señor Martí ha ayudado a su hija.
   b) Bárbara ha hecho demasiados errores.
   c) la señora Martí es muy sabia.
   d) las respuestas de la niña son excelentes.

22. Un amigo sincero

El otro día yo estaba esperando el tren en una estación del subterráneo° de Nueva York. De repente° vi al señor Sorolla, mi viejo profesor de inglés de Santo Domingo. Cuando estaba en su clase, yo no era buen estudiante. Una vez me dijo: —¡Dame el presente del verbo inglés "irse"!

En lugar de decir "yo me voy, tú te vas, etc.," yo dije: "Todo el mundo se va."

Aquel día recibí dos ceros a la vez.°

Al ver al señor Sorolla, me acerqué° a él.

—¡Qué placer encontrarme contigo!— me dijo estrechándome° la mano.

—Señor— dije, —¿se acuerda Ud. de mí, Diego Cruz, el peor alumno de su clase de inglés?

subterráneo subway
de repente suddenly

a la vez at the same time
me acerqué approached

estrechándome giving me, a handshake

—¡Cómo no!— respondió. —Nosotros los profesores recordamos siempre a los peores estudiantes.

Charlábamos° algunos minutos. Luego me dijo: —A propósito, busco el tren para la Universidad de Columbia. Pienso asistir a un curso de literatura inglesa. *charlábamos chatted*

Le di° las instrucciones necesarias y él me dio las gracias afectuosamente. *di I gave*

—¡Diego, tú eres uno de mis amigos sinceros!— dijo estrechándome la mano.

—Ud. quiere decir uno de sus amigos con ceros, señor Sorolla, en lugar de sin ceros— dije sonriendo. —A propósito, ¿por qué no pidió Ud. instrucciones al guardia? Ud. habla inglés perfectamente. ¿Verdad?

—Chico— me dijo, —hablé al guardia y a muchas otras personas. Pero nadie en Nueva York parece° hablar ni comprender el inglés. *parece seems*

Choose the phrase which best completes the sentence.

1. Se halla el muchacho
   a) en Santo Domingo.
   b) en Nueva York.
   c) en Colombia.
   d) en la universidad.
2. Recibió dos ceros porque
   a) todo el mundo se va.
   b) vio al señor Sorolla.
   c) no sabía el presente del verbo "irse."
   d) no dio regalos al profesor.
3. El señor Sorolla enseñaba
   a) el francés.
   b) el inglés.
   c) el español.
   d) la literatura.
4. El señor Sorolla va a
   a) enseñar en una universidad de Colombia.
   b) regresar a la América del Sur por tren.
   c) estudiar en una universidad americana.
   d) dar ceros al policía.

5. Según el señor Sorolla, en Nueva York
   a) el guardia habla bien inglés.
   b) muchas personas hablan bien inglés.
   c) todo el mundo habla bien inglés.
   d) nadie habla bien inglés.

23. Un pollo extraordinario

Eduardo viaja mucho por todas partes y en cada país busca regalos para su familia. Le gusta sobre todo comprar gangas.° Al regresar a su patria pasó tres horas en la aduana° mientras examinaban sus compras: para el abuelo, un sombrero mexicano y una bombilla° para sorber° mate°; para el padre, un par de huaraches; para el hermano de quince años, una cesta que usan los peloteros° vascos (quiso comprar el frontón° pero no podía llevarlo); para las niñas, un traje de china poblano; para los niños, un traje de charro; y para la madre un pájaro que, según el vendedor, habla muchas lenguas extranjeras.

Cuando llegó a casa, distribuyó rápidamente los regalos y salió para cortarse el pelo. Esa noche la

gangas bargains

aduana customshouse

bombilla metal straw
sorber to sip
mate Argentine tea

peloteros ballplayers
frontón playing field

madre preparó una comida excelente para la familia.
A las siete se sentaron a la mesa. El plato principal era
arroz con pollo, su plato favorito.

—¿Qué te parece° el pájaro?— le preguntó a su madre. **¿Qué te parece** How do you like
Eduardo se refería al regalo que había dado a su
madre esa mañana.

La madre, pensando en la carne del pollo, dijo:
—Creo que no era muy sabroso,° hijito. **sabroso** tasty

—No hablo del pollo, mamá. Estoy hablando de tu
regalo, el pájaro que te he dado hoy.

—¡El pájaro!— exclamó su madre. —Yo creí que era
un pollo. He preparado el arroz con ese pájaro.

—¿Cómo? ¡Has cocinado° el pájaro! Este pájaro era **cocinado** cooked
un pájaro muy sabio. Hablaba siete lenguas extranjeras.

—Si hablaba tantas lenguas— dijo ella, —¿por qué no
me dijo algo cuando lo estaba poniendo en la marmita?

Choose the phrase which best completes the sentence.

1. Durante su viaje, Eduardo
   a) compra cosas baratas para sus parientes.
   b) sorbe mate porque es una ganga.
   c) examina los regalos.
   d) busca a los miembros de su familia.
2. Examinan las compras de Eduardo
   a) en cada país.
   b) en el frontón.
   c) cuando llega a su país nativo.
   d) en China.
3. Habla lenguas extranjeras
   a) el pelotero vasco.
   b) el vendedor del pájaro.
   c) el abuelo.
   d) el pájaro que ha comprado Eduardo.
4. Esa noche la madre
   a) va al barbero.
   b) va a distribuir los regalos.
   c) va a preparar una comida.
   d) va a aprender una lengua extranjera.

5. Cuando la madre lo está poniendo en la marmita, el pájaro
   a) dice: —No soy pollo.
   b) no dice nada.
   c) dice: —¿Cree Ud. que soy muy sabroso?
   d) dice: —Soy un pájaro muy sabio.

24. Nada

Pepe, muchacho de nueve años, quiere llegar a ser° profesor. Pero Pepe no sabe qué asignatura° querrá o podrá enseñar.

  llegar a ser to become
  asignatura subject

 —Papá, ¿qué te parece la enseñanza?—° preguntó a su padre, profesor en una escuela superior.

  enseñanza teaching

 —Me gusta mucho la enseñanza— dijo el padre.

 —Tal vez me haré profesor también. A propósito, ¿me dirás, por favor, cuáles son las asignaturas que se enseñan en tu escuela?

 —Se enseñan las matemáticas, la historia, la ciencia, las lenguas extranjeras, la música, el arte, la gimnástica y la natación.°

  natación swimming

 —¿Qué hace un profesor de matemáticas, papá?

 —Enseña el álgebra, la geometría y la trignometría.

Voy a darte un problema sencillo para averiguar° si tú **averiguar** to ascertain, find out
puedes llegar a ser profesor de matemáticas: Si cocino
un huevo° en dos minutos, ¿en cuántos minutos puedo **huevo** egg
cocinar diez huevos?

—Veinte minutos, papá.

—Tú te equivocas,° Pepito. El cocinarlos separada- **equivocas** are mistaken
mente es una pérdida° de tiempo. Puedo cocinar todos **pérdida** loss
los huevos al mismo tiempo.

—Por lo visto° no me pondré a estudiar las mate- **Por lo visto** Obviously
máticas porque no saldré bien° en el examen— dijo **no saldré bien** I won't do well
Pepe tomando el asunto° en serio. —Ahora, ¡dime!, **asunto** matter
¿qué hace un profesor de ciencia?

—Enseña la biología, la química y la física.

—No me haré profesor de ciencia tampoco.° **tampoco** neither

El padre, hombre simpático, sigue explicando, sin
burlarse° del niño, lo que hacen todos los maestros. **burlarse de** to make fun of
Pepe se da cuenta de° que no sabrá bastante para **se da cuenta de** realizes
hacerse profesor. Al fin el niño, antes de renunciar a esta
profesión, dijo: —Me queda la última pregunta. ¿Qué
hace un profesor de natación?

—Nada,° hijo mío, nada. **nada** swims; nothing

—¿Nada? Entonces voy a hacerme profesor de
natación porque parece un trabajo muy fácil.

I. Tell whether these statements are true or false and find the sentence
   that supports your choice.

1. Pepe se gana la vida como profesor de natación.
2. Al padre no le gusta la enseñanza.
3. Un profesor de matemáticas enseña la geometría, el álgebra y la aritmética.
4. El padre cocina diez huevos y los da a su hijo.
5. El señor va a dar un problema sencillo al profesor.
6. Podemos cocinar todos los huevos en dos minutos.
7. El muchacho no empezará a estudiar las matemáticas porque cree que no
   tendrá éxito en el examen.
8. Un profesor de ciencia enseña la biología, la química, la física y la
   natación.
9. El padre da respuestas chistosas a todas las preguntas de Pepe.
10. El padre dijo que un maestro de natación no hace nada.

II. Answer the following in complete Spanish sentences.

1. ¿Cómo quiere Pepe ganar la vida?
2. ¿Qué le parece la enseñanza a su padre?
3. ¿Qué asignaturas se enseñan en la escuela del padre de Pepe?
4. ¿Qué enseña un profesor de matemáticas?
5. Si cocina un huevo en dos minutos, ¿cuántos minutos necesita el padre para cocinar diez huevos?
6. ¿Por qué no estudiará las matemáticas el muchacho?
7. ¿Qué enseña un profesor de ciencia?
8. ¿De qué se da cuenta el niño?
9. ¿Qué hace un profesor de natación?

III. Questions for written or oral expression:

1. ¿Cuál será tu profesión?
2. ¿Cuál es la profesión de tu padre?
3. ¿Cuáles son tus asignaturas?
4. ¿Qué te gusta más, la aritmética o la geometría?
5. ¿Cómo te gustan los huevos? ¿Fritos, duros o revueltos?
6. ¿Saliste bien o mal en el último examen de matemáticas?
7. ¿Te harás profesor de matemáticas, de historia o de ciencia?
8. Cuando recibes malas notas, ¿de qué te das cuenta?
9. ¿Dónde nadas tú? ¿En el océano, en un lago, en un río o en una piscina?

25. El concierto

Era un genio,° un genio musical. Sus composiciones musicales eran mejores que las de Manuel de Falla. Tocaba el piano mejor que Iturbi, la guitarra mejor que Segovia, y el violonchelo mejor que Casals. ¿Quién lo dijo? Su profesor de música. ¿Quién lo creyó? Solamente su padre, rico exportador de azúcar. Cuando uno tiene un hijo que es un genio musical es absolutamente necesario arreglar° un concierto.

El señor González (así se llamaba el padre) se dirigió° a sus parientes. Les mandó invitaciones prometiéndoles refrescos y otros alimentos° deliciosos. Cada uno recibiría una cesta de frutas— naranjas, manzanas, uvas° y cerezas° al fin del concierto.

genio genius

arreglar to arrange
se dirigió addressed, turned to

alimentos foods

uvas grapes

cerezas cherries

—Mucha gente vendrá° al concierto— se dijo. *vendrá will come*
—Romperán° las puertas para entrar. *romperán will break*
Pero los parientes se negaron a° venir. No tuvieron *se negaron a refused*
ganas de sufrir. ¿Qué va a suceder? ¿A quién puede
pedir socorro?° Se ponía más y más triste. ¿Qué hacer? *socorro help*
Una idea magnífica le vino al señor González. Había
tantos González en la guía de teléfonos. Iba° a mandar *Iba He was going*
a cada González una carta de invitación. Cada uno iba
a pensar que José González era pariente suyo. Vendrán
a escuchar a un genio de su familia.

La noche del concierto llegaron millares de González. *vacía empty*
No había una sola silla vacía.° Mucha gente se quejaba° *se quejaba were complaining*
porque tenían que quedarse en el zaguán.° El genio se *zaguán hallway*
puso a tocar "El vals de un minuto." De repente, entró
corriendo un hombre que gritaba: —¡Señor González,
su casa está ardiendo!° *ardiendo burning*
Todo el mundo salió corriendo del teatro.

Al día siguiente apareció esta crítica musical en el
periódico: El joven genio musical, José González, *sobrepasó surpassed, beat*
sobrepasó° un record. Completó "El vals de un minuto"
en diez segundos.

I. Arrange these sentences in the proper order to form a summary.

Group A

1. Pero no quieren venir porque no les gusta la música de José.
2. El profesor de música dijo que José González es genio musical.
3. El señor González decide invitar a todos los González que se hallan en la guía de teléfonos.
4. Invita a sus parientes al concierto prometiéndoles toda clase de refrescos.
5. Por eso el señor González, rico exportador de azúcar, arregla un concierto.

Group B

6. Algunas personas se quejaron porque no había bastantes sillas para sentarse.
7. Como todo el mundo se llama González, todo el mundo salió corriendo.
8. El joven músico empezó a tocar "El vals de un minuto."
9. Muchas personas llegaron porque pensaron que José era pariente suyo.
10. Un hombre entró de repente y anunció: —¡Señor González, su casa está ardiendo!

II. Answer the following in complete Spanish sentences.

1. ¿Quién es Iturbi? ¿Compositor, guitarrista o violonchelista?
2. ¿Quién dijo que José González era un genio?
3. ¿Cuál era la profesión del señor González?
4. ¿Qué prometió el señor González a sus parientes?
5. ¿Por qué se negaron los parientes a venir?
6. ¿Cuántos González había en la guía de teléfonos?
7. ¿Qué iba a mandar a sus parientes?
8. ¿Qué iban a pensar todos los González?
9. ¿Qué hizo todo el mundo al ver entrar al hombre que gritaba?
10. ¿Cuál record sobrepasó José?

III. Questions for written or oral expression:

1. ¿Qué instrumento musical tocas tú?
2. ¿Eres tú genio, normal o tonto?
3. ¿Tomas el café sin azúcar o con azúcar?
4. ¿Qué clase de jugo te gusta beber para el desayuno?
5. ¿Tienes tú ganas de asistir a un concierto, a un match de futbol o a una película?
6. ¿En dónde hallarás el número de teléfono de tu amigo?
7. ¿Qué debes mandar a un amigo si quieres invitarlo a tu casa?
8. ¿Tienes muchos o pocos parientes?
9. Si alguien grita: "Tu casa está ardiendo," ¿qué harás?
10. ¿Cuál record sobrepasaste tú?

26. Amigo o enemigo

En un discurso° sobre la importancia de ser fuerte para alcanzar° la independencia, Andrés Bello, gran escritor, poeta y político de Venezuela, contó esta antigua fábula.

Un cordero° estaba bebiendo en un arroyo.° Un lobo° se le acercó y le gritó: —Estás ensuciando° el agua que bebo.

—Señor Lobo— dijo el animalito, apenas° atreviéndose° a respirar, —creo que Ud. se equivoca porque yo estoy agua abajo° y Ud. está agua arriba.

—Si tú no lo estás haciendo en este momento, lo hiciste el año pasado.

—Señor Lobo— dijo el cordero aterrorizado, —tengo menos de un año. No estaba aquí el año pasado.

discurso speech
alcanzar to reach

cordero lamb
arroyo stream
lobo wolf
ensuciando to pollute, make dirty

apenas barely
atreviéndose daring
agua abajo downstream

73

—Si no lo hiciste tú, fue tu hermano mayor— dijo el lobo enojándose.

—Pero le aseguro° que no tuve ni tengo hermanos. Soy un pobre huérfano,° sin padres, sin hermanos y sin amigos. Soy un cordero pacífico y muy recto.° No me gusta decir mentiras.

—No me gusta tu manera descortés de hablarme, miserable. Tú argumentas demasiado. La paciencia me está agotada. Por eso voy a comerte.

El lobo estaba para agarrarlo.° El cordero dio voces pidiendo socorro porque no quería servir de comida a aquel carnicero.°

De repente, un león se lanzó° al lobo y dijo: —¡No molestes a mi amiguito! Si tú le das miedo° otra vez, voy a castigarte.

Entonces el león, dirigiéndose al cordero, le dijo: —Voy a cuidarte° y a protegerte contra los que desean hacerte guerra para matarte. Tú vas a quedarte conmigo todo el tiempo. Pero si yo me duermo, no habrá nadie para protegerte. Por eso, querido amigo, ahora voy a comerte yo mismo.

aseguro assure
huérfano orphan
recto honest

agarrarlo to seize him

carnicero butcher
se lanzó rushed forward, threw himself
das miedo scare

cuidar to take care of

I. Complete each statement in column I with the segments in column II.

I	II
1. Un lobo se acercó a un cordero	a) lo hiciste el año pasado.
2. El lobo: —Estás ensuciando el agua	b) que estaba bebiendo en un arroyo.
	c) voy a comerte yo.
3. El cordero: —Yo estoy agua abajo	d) fue tu hermano.
4. El lobo: —Si no estás haciéndolo ahora	e) que bebo.
	f) no tengo ni padres ni hermanos.
5. El cordero: —No estaba aquí el año pasado;	g) tengo menos de un año.
	h) a protegerte.
6. —Si no lo hiciste tú,	i) molestes a mi amiguito!
7. El cordero: —Soy huérfano;	j) y Ud. está agua arriba.
8. El lobo: —Tú me hablas de una manera descortés; por	k) eso voy a comerte.
	l) otro lobo te comerá.
9. El león dijo al lobo: —¡No	
10. El león dijo al cordero: —Voy	

74

11. Si yo me duermo
12. Por eso

II. Answer the following in complete Spanish sentences.
1. ¿Quién fue Andrés Bello?
2. ¿Dónde estaba el cordero?
3. ¿Quién se acercó al cordero?
4. Según el lobo, ¿qué hace el cordero?
5. ¿Por qué dice el cordero que el lobo se equivoca?
6. ¿Cuántos años tiene el cordero?
7. ¿De qué le asegura el cordero?
8. ¿Por qué dice el lobo que va a comerlo?
9. ¿Quién se lanzó al lobo cuando el cordero dio voces?
10. ¿Cómo va a proteger el león al cordero?

III. Questions for written or oral expression:
1. ¿Cómo se llama un político de los Estados Unidos?
2. ¿Bebes agua, té, chocolate, café o cerveza para el desayuno?
3. Si tú ves un lobo, ¿te acercarás a él o te alejarás de él?
4. ¿Te gusta beber agua sucia o agua limpia?
5. A tu juicio, ¿quién se equivoca?
6. ¿Estabas tú aquí el año pasado?
7. ¿Cuántos hermanos tienes tú?
8. ¿Estás tú tranquilo o enojado cuando pierdes la paciencia?
9. Si un lobo se lanza a ti, ¿qué harás?
10. ¿Qué necesitas para protegerte contra los leones y los lobos?

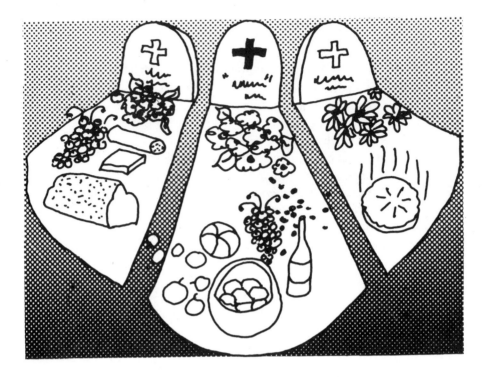

27. Simpático

La curiosidad condujo° al viajero europeo a esta   **condujo** lead
pequeña aldea india en los altiplanos° del Perú. La   **altiplanos** highlands
joven chicana vino como miembro del Cuerpo de Paz
para ayudar al "hombre olvidado," el indio.

   —¡Dígame, señorita! ¿Qué la trajo° a este lugar?— le   **trajo** brought
preguntó. —¿Le gusta a Ud. verdaderamente enseñar a
leer y a escribir a estos indios?

   —Me gusta mucho porque tienen ganas de aprender.

   —A mi juicio,° señorita, son gente perezosa y sucia.   **A mi juicio** In my opinion
Llevan zapatos rotos y trajes viejos. Viven en casuchas.°   **casuchas** huts
No tienen buenos caminos. Los indios son ignorantes
y muy atrasados.°   **atrasados** backward, undeveloped

   —A mi juicio, señor, son buenos seres humanos que

76

necesitan nuestra ayuda. Es verdad que no saben ciertas cosas por falta de instrucción, pero su inteligencia es igual a la nuestra. Cuando Uds. los europeos eran salvajes, había grandes civilizaciones indias en el Perú, Bolivia, el Ecuador, Centroamérica y México.

—Señorita, claro es que no estamos de acuerdo.° **estamos de acuerdo** agree

En este momento se oía una banda de músicos tocando instrumentos nativos. Se formaba una procesión de indios.

—¿Qué pasa?— dijo el europeo.

—Hoy es el Día de los Difuntos,° señor, y para **Día de los Difuntos** All Soul's Day honrar a los muertos, vamos al cementerio para traerles platos de alimentos, bebidas y monedas que pondremos sobre las tumbas.

—Señorita, eso prueba que no son inteligentes.

—No comprendo, señor, por qué Ud. dice que no son inteligentes.

—¿Cuándo van a comer los muertos estos alimentos y a gastar° el dinero?— dijo con desdén.° **gastar** to spend **desdén** disdain

La joven respondió: —Van a comerlos cuando los muertos de su país, señor, huelan° las flores que Uds. **huelan** smell ponen sobre sus tumbas.

I. Complete the sentences with the proper word in parentheses.

1. (El europeo, El viajero, La chicana, El indio) vino a esta aldea como miembro del Cuerpo de Paz.

2. El hombre vino (para enseñar, para comprar zapatos, para ayudar al hombre olvidado, para mirar a los indios).

3. El señor piensa que los indios son (buenos seres humanos, muy inteligentes, civilizados, perezosos).

4. La señorita piensa que los indios son (menos inteligentes que, más inteligentes que, tan inteligentes como) nosotros.

5. Había grandes civilizaciones indias en (Europa, Norteamérica, la América del Sur).

6. Claro es que (el señor es simpático, la señorita es salvaje, los indios son perezosos, no están de acuerdo él y ella).

7. Muchas personas son ignorantes por falta de (traje viejo, instrucción, dinero, ropa vieja).

8. En el Día de los Difuntos honran los indios (a los chicanos, al Cuerpo de Paz, a los europeos, a los muertos).

9. El señor dice que no son inteligentes porque llevan (flores, alimentos, zapatos, instrumentos nativos) a los muertos.

10. Los indios muertos gastarán el dinero cuando los europeos muertos (compren, huelan, cojan, vendan) las flores.

II. Answer the following in complete Spanish sentences.

1. ¿Adónde condujo la curiosidad al viajero?
2. ¿Para qué vino la joven chicana a este lugar?
3. ¿Qué enseña ella a los indios?
4. ¿Qué clase de trajes llevan los indios pobres?
5. ¿Qué necesitan los indios?
6. ¿Por qué no saben ciertas cosas?
7. ¿Qué había en el Perú cuando los europeos eran todavía salvajes?
8. ¿Qué se oía en este momento?
9. ¿Por qué dice el europeo que los indios no son inteligentes?
10. Según la joven chicana, ¿cuándo huelen los muertos las flores que nosotros ponemos sobre las tumbas?

III. Questions for written or oral expression:

1. ¿Adónde irás este verano?
2. ¿A quién quieres tú ayudar?
3. ¿Quién te enseñó a leer y a escribir?
4. ¿Qué tiene Ud. ganas de hacer?
5. ¿Qué necesitas tú cuando tienes sed y hambre?
6. ¿Qué no puedes hacer por falta de dinero?
7. ¿Qué países quisieras tú visitar?
8. ¿Qué instrumento musical quisieras aprender a tocar?
9. ¿Qué pones tú sobre las tumbas de los muertos?
10. A tu juicio, ¿debemos burlarnos de los que no comprendemos o debemos tratar de comprenderlos?

28. Los inocentes, I

Primer pleito:°

—No soy culpable,° señor juez.° Soy inocente—dijo
el primer acusado. —No robé la radio. Voy a explicarle
lo que ocurrió. Estaba paseándome por la calle a las
tres de la mañana. A mi derecha vi un escaparate roto.
Naturalmente, me detuve.° En el fondo° del escaparate
había un gran paquete y en el paquete había una radio.
No supe a quién pertenecía.° Tuve miedo de dejarla
porque una persona no honrada podría° robarla.
Como no pude hallar a un agente, decidí traerla al
cuartel° de la policía que se hallaba en la esquina.°
Estaba muy excitado y confuso. Por eso anduve en la
otra dirección. De repente me cogió un policía y me
pidió la radio. Como yo respecto mucho y obedezco

pleito case

culpable guilty
juez judge

detuve stopped

fondo rear, back

pertenecía belonged

pudiese might

cuartel police station

esquina corner

siempre a la policía, se la di. Decidí ayudarle acompañándole al cuartel y me trajo aquí al tribunal.° tribunal court

Segundo pleito:

—Señor juez— dijo el mayor de dos jóvenes acusados de haber robado una bolsa,° —mi vecino y yo somos bolsa purse inocentes. La vieja está equivocada. Mi amigo y yo estábamos andando por la calle y esta mujer estaba caminando delante de nosotros. De repente ella se volvió y se puso a golpearnos° con su bolsa. Quisimos golpearnos to hit defendernos. Por eso, cogí la bolsa. Ella comenzó a gritar. Como no quisimos despertar a toda la gente que estaba durmiendo, huimos.° En este momento vimos al huimos fled policía. Fuimos hacia él y le pedimos protección contra esta vieja. Por eso, vinimos aquí al juzgado. Para mostrarle a Ud. que somos honrados, tenemos ambos° ambos both ganas de devolver el dinero que cayó en el suelo cuando ella nos estaba golpeando.

I. Unscramble these sentences.
1. El primero (robó, la radio, no, acusado, dijo que).
2. Vio un gran (roto, al fondo de, paquete, un escaparate).
3. No supo a quién (tuvo, pertenecía, dejarla, pero, miedo de).
4. No anduvo hacia (porque, confuso, muy, el cuartel, estaba).
5. Como obedece (a la, le entregó, radio, policía).
6. El mayor de los (la bolsa, jóvenes, dijo que, robado, no han).
7. La vieja se volvió y (su bolsa, golpearlos, se puso a, con).
8. Cogieron la (para, bolsa, ella, de, defenderse).
9. Empezaron a (porque, no, despertar, correr, quisieron) a toda la gente.
10. Tienen ganas de (que cayó, en el, el, dinero, suelo, devolver).

II. Answer the following in complete Spanish sentences.
1. ¿A qué hora se paseaba el primer acusado?
2. ¿Qué vio a su derecha?

80

3. ¿Por qué no quiso dejar la radio en el escaparate roto?
4. ¿Por qué no anduvo en la dirección del cuartel de policía?
5. ¿Por qué dio la radio al policía?
6. ¿De qué han acusado a los dos jóvenes?
7. ¿Dónde estaba caminando la vieja?
8. ¿Por qué han huido?
9. ¿Contra quién pidieron protección?
10. ¿Por qué desean devolver el dinero?

III. Questions for written or oral expression:
1. ¿A qué hora das tú un paseo en la calle?
2. ¿Quiénes están sentado s a tu derecha y a tu izquierda?
3. ¿Qué ocurre si tú dejas tu radio en la calle?
4. ¿Dónde se puede hallar un policía?
5. ¿A quién respetas y obedeces?
6. ¿Dónde guardan las mujeres su dinero?
7. Cuando tú caminas con tu perro, ¿vas delante o detrás del animalito?
8. Si alguien se pone a gritar cuando duermes, ¿sigues durmiendo o te despiertas inmediatamente?
9. Si una mujer se pone a golpearte con su bolsa, ¿qué harás?
10. A tu juicio, ¿son inocentes o culpables estos acusados?

29. Los inocentes, II

—Señor juez, no soy vendedor de drogas. Un extranjero se me ha acercado en la esquina y me ha dicho:
—Amigo, tú me pareces muy honrado. ¡Toma este paquete y ponlo en tu bolsillo porque tengo un agujero° en el mío. Voy a casa para remendar° mi bolsillo y regreso en unos minutos.

agujero hole

remendar to mend

Yo creí lo que me dijo. Me dio el paquete y luego él desapareció.

En este momento llegaron mis amigos y me dijeron:
—¡Abre el paquete! Tal vez contiene una bomba.

Entramos en un zaguán y estábamos abriendo con cuidado el paquete cuando llegó un guardia y me condujo al juzgado.

—Yo soy culpable— dijo el cuarto acusado, —de

estar en competición con el gobierno. Yo hago monedas que vendo mucho más baratas que las del gobierno. Por patriotismo voy a renunciar a este negocio y me ganaré la vida de manera más honrada.

El juez, después de escuchar el testimonio de los acusados, pronunció su veredicto: —Condeno a seis meses de prisión a todos los acusados de los tres primeros pleitos. Y suspendo la condena° del último acusado. ¡Deje libre al último acusado!

condena sentence

—Señor— dijo el fiscal,° —¿por qué dejó Ud. libre a este hombre que ha cometido un crimen también? Era culpable. ¿Verdad?

fiscal prosecution laywer

—Ud. tiene razón, señor fiscal; este hombre es culpable. Pero si yo le mando a la cárcel, todos los inocentes se quejarán.° No querrán vivir con un criminal. Por eso le dejé libre.

se quejarán will complain

Choose the phrase which best completes the sentence.

1. El acusado puso el paquete
   a) en la esquina.
   b) en el zaguán.
   c) en el bolsillo.
   d) en el agujero.

2. —Abra el paquete— dijo
   a) el extranjero.
   b) un amigo.
   c) el policía.
   d) el juez.

3. El hombre que dijo que último acusado no era inocente era
   a) el vendedor de drogas.
   b) un amigo.
   c) el segundo prisionero.
   d) el fiscal.

4. El juez
   a) condena a todos los acusados.
   b) condena solamente al último acusado.
   c) suspende la condena al último prisionero.
   d) suspende la condena a todos los prisioneros.

5. Los otros se quejarán de vivir con
   a) el último acusado.
   b) el fiscal.
   c) el juez.
   d) un hombre inocente.

30. Punto de vista

Un viejo trabajador, regresando a casa en una noche oscura, fue atacado de repente por dos asesinos. Dio voces° pidiendo socorro pero nadie vino a ayudarlo. **dio voces** shouted
Al llegar la policía, estaba ya muerto. Toda la ciudad se aterrorizó por el crimen, especialmente porque nadie había ayudado al pobre. Algunos vecinos dijeron que estaban dormidos cuando sucedió. Otros oyeron los gritos pero no sabían lo que pasaba. Solamente uno confesó que tenía miedo de averiguar lo que ocurría.

Al fin un detective se encontró con un hombre que no parecía tomar el asunto en serio. Por lo visto quería burlarse del agente.

—¿Vio Ud. a los asesinos?— preguntó el policía.

—¿Asesino? No comprendo lo que significa esta palabra. ¿Qué quiere decir?

—Es alguien que mata—° dijo el detective enojado.   **mata** kills

—Ud. quiere decir un carnicero— dijo el hombre.

—¡No! Es alguien que mata a la gente— dijo el policía enfurecido.

—Oh, un soldado.

—¡No, no! Es alguien que mata en tiempo de paz.

—Oh, un médico— dijo el hombre.

El agente se ponía más y más furioso. Ya con la paciencia agotada, agarró° al filósofo idiota, lo sacudió° diciendo: —Si Ud. sigue dándome respuestas tontas, le voy a matar.

agarró grabbed
sacudió shook

El otro, lleno de miedo, se puso a gritar: —¡Socorro! ¡Ayúdenme! Un asesino quiere matarme. ¡Socorro! ¡Socorro, por Dios!

Choose the phrase which best completes the sentence.

1. ¿Quién ayudó al viejo?
   a) un policía
   b) un trabajador
   c) nadie
   d) un asesino

2. ¿Cuántas personas dijeron que tenían miedo?
   a) algunas personas
   b) unas personas
   c) toda la ciudad
   d) una persona

3. El detective encontró a
   a) un carnicero.
   b) un soldado.
   c) un asesino idiota.
   d) un filósofo idiota.

4. Según el hombre, ¿quién mata a la gente en tiempo de paz?
   a) un agente
   b) un médico
   c) un filósofo
   d) un vecino

5. El asesino que quiere matarlo es
   a) un detective.
   b) un trabajador.
   c) la policía.
   d) un hombre que no parece tomar el asunto en serio.

Exercises

1. Una lengua extranjera

I. Vocabulary Exercises

A. **Cognates** are words which are spelled similarly in Spanish or in English or which have a similar root or element in both of the languages. *Nervioso, -a* is a cognate of nervous. Generally English words ending in -ous will end in *-oso, -a* in Spanish. Form Spanish cognates from the following English words. (Please note that this cannot be applied to all words ending in *-oso* in Spanish.)

1. delicious
2. furious
3. glorious
4. numerous
5. famous
6. curious
7. marvelous
8. mysterious
9. delirious
10. fabulous

B. **Diminutives** in Spanish are used to indicate affection or smallness of size. Some are formed by adding *-ito, -ita* to a noun. Example:

hijo
(son)

hijito
(Sonny, little son)

Juana
(Jane)

Juanita
(Janie)

Form the diminutives of the following and tell what they mean.

1. hija
2. perro
3. casa
4. Juan
5. gato

C. **Antonyms** are words which have an opposite meaning. Match these antonyms.

A	B
1. temprano	1. buenas noches
2. preguntar	2. regresar
3. salir	3. la hija
4. buenos días	4. tarde
5. la madre	5. contestar

II. Structures

A. Choose a word or phrase which correctly completes the sentence. Refer back to the story for the correct structures.

Model: Mono va _____ una escuela.
Mono va a una escuela.

1. Pablo es el alumno más inteligente _____ la clase.
2. Ellos llaman _____ la puerta.
3. Juana imita _____ su amigo.
4. Mi madre sale _____ la casa a las dos.
5. Estamos aprendiendo _____ hacer tortillas.

B. Form sentences using the words in the order given. You will have to supply other necessary words such as *de, a, el, la, que, etc.* Refer to the story for the correct structures.

Model: Mono/regresar/casa/una.
Mono regresa a la casa a la una.

1. Luisa/María/imitar/hermanos.
2. Nosotros/llamar/Pablo.
3. Tú/llegar/escuela/tres/punto.
4. Ustedes/preguntar/por/libros/rojo.
5. Luisa/yo/pasar/delante/escuela.

III. Verb Exercises: Regular *-ar, -er* and *-ir* present tense infinitives.

A. Complete the sentences.

Tú imitas al maestro.
Nosotras _____ .
Yo _____ maestra.
Ustedes _____ .
Ella _____ profesor.

Pablo responde al hombre.
Ellas _____ .
Nosotros _____ mujer.

Yo_____.
Tú_____maestro.

Elena abre el libro.
Ustedes_____.
Pablo y yo_____ventana.
Tú_____.
Yo_____puerta.

B. Using the infinitive in parentheses, complete the sentences with the correct form of the present tense.

1. Guillermo _____ a un gato. (imitar)
2. Nosotros _____ a las dos en punto. (regresar)
3. Tú _____ a hablar español. (aprender)
4. ¿ _____ ustedes temprano a la escuela? (llegar)
5. Yo _____ la ventana por el maestro. (abrir)
6. El perro _____ y _____ todo el día. (ladrar, aullar)
7. ¿ _____ Elena y Paco el libro nuevo? (mirar)
8. Nosotros _____ al profesor en español. (contestar)
9. ¿Quién _____ a su madre? (responder)
10. Tú y yo _____ por el teatro . (pasar)

2. La publicidad

I. Vocabulary Exercises

A. Cognates: English words which end in -tion generally end in -*ción* in Spanish and are feminine.

Model: education   la educación

Form the Spanish cognate for these English words.

1. nation
2. vacation
3. conversation
4. action
5. direction

6. operation
7. composition
8. admiration
9. election
10. invitation

B. Adverbs can be formed in Spanish by adding -*mente* to an adjective which ends in a consonant. Form adverbs from these Spanish adjectives.

Model: Spanish adjective   Spanish adverb
       natural   naturalmente

1. final
2. general
3. real
4. cruel
5. personal

C. Antonyms: Match these words of opposite meaning.

A	B
1. entrar	1. el pescado
2. tomar	2. dar
3. la carne	3. antes
4. la sed	4. salir
5. después	5. el hambre

II. Structures:
Form sentences using the words in the order given. You will have to supply other necessary words such as *de, a, el, la, que,* etc. Refer to the story for the correct structures.

Model :   Yo/ver/perro/delante/casa.

   Yo veo al perro delante de la casa.

1. Yo/ver/hombre/cerca de/mesa.
2. Rafael/beber/agua/porque/tener/sed.
3. Ustedes/pasar/delante de/casa/viejo.
4. Tú/tener/mucho/hambre.
5. Nosotros/comer/arroz/pollo/restaurante.

III. Verb Exercises : Present tense of *estar, ser, tener* and *venir;* present progressive tense.

A. Complete the sentences.

Yo estoy aquí cerca del restaurante.

Elena_____.

Ustedes_____delante de_____.

Tú_____iglesia.

Mis amigos y yo_____.

Tú eres de Madrid.

Nosotros_____.

María y su padre_____rubios.

Yo_____.

Ella_____.

El tiene catorce años.

Yo_____.

Ustedes_____un abuelo viejo.

Tú_____.

Nosotros_____.

Tú vienes a la escuela.

Pablo y Ramón_____.

Yo_____parque.

Ellos_____.

Mi padre y yo_____.

B. Using the infinitive in parentheses, complete the sentences with the correct form of the present tense.

1. Tú_____enfermo hoy. (estar)
2. Paco_____mexicano. (ser)
3. Yo_____tres hermanas. (tener)
4. ¿ No_____nosotros con usted? (venir)
5. Los libros_____cerca del cuaderno. (estar)
6. ¿ _____María y yo mucha hambre? (tener)
7. Yo_____inteligente. (ser)
8. Tú_____al restaurante. (venir)
9. El café_____frío. (estar)
10. Los gatos_____de mi madre. (ser)

C. Present progressive tense (present tense of *estar* and the present participle). Complete the sentences.

Tú estás hablando con el maestro.
Nosotros_____.
Ustedes_____maestra.
Yo_____.
Ella_____.

María está comiendo el arroz.
Mis amigos y yo_____.
Tú_____pescado.
Yo_____.
Ramón y Tomás_____.

Ellos están abriendo la puerta.
Pablo_____.
Yo_____libro.
Nosotras_____.
Tú_____cartas.

D. Complete the sentences by using the correct form of the present progressive tense.

1. Pedro_____con el profesor. (hablar)

2. Ana y yo_____el arroz con pollo. (comer)

3. Nosotros_____a hablar español. (aprender)

4. Yo_____con mis abuelos. (vivir)

5. ¿_____tú la historia? (estudiar)

3. El momento de verdad

I. Vocabulary Exercises

A. Cognates: English words which end in -y have Spanish cognates which end in -ia. Model: history - *la historia.* Form the Spanish cognate for these English words.

1. glory
2. primary
3. democracy
4. pharmacy
5. victory

B. Antonyms: Match the following words of opposite meaning.

A	B
1. joven	1. alegre
2. rico	2. venir
3. la chica	3. pobre
4. triste	4. viejo
5. ir	5. el muchacho

II. Structures: Form sentences using the words in the order given. Refer to the story for the correct structures.

1. Osvaldo/se/poner/triste.
2. Este/cuento/se/tratar/joven.
3. El/tener/miedo/profesor.
4. Al/fin/llegar/día/exámenes.
5. Yo/tener/estudiar/más/historia.
6. Tú/ir/jugar/pelota.
7. Madre/ser/Madrid.
8. A/mirar/examen/Osvaldo/ser/triste.
9. Alumno/tener/asistir/otro/escuela.
10. María/yo/ayudar/nuestro/abuela.

III. Verb Exercises: Present tense of *ir, dar, poder;* present perfect tense.

A. Complete the sentences.

Ella va a otra escuela.

Ustedes_____.

Yo_____ teatro.

Nosotras_____.

Tú_____ clase.

Yo doy un reloj al niño.

María_____.

Tú_____ chica.

Mi hermano y yo_____.

Mis padres_____ chico.

Tú dices la verdad.

Yo_____.

Ellos_____ números en español.

Nosotros_____.

Paco_____ número_____.

Ellos pueden comprar el reloj.

Tú_____.

Yo_____ libros.

Ella_____ leer_____.

Marta y yo_____.

B. Using the infinitive in parentheses, complete the sentences using the correct form of the present tense.

1. ¿ A quién_____ usted la pelota? (dar)
2. Alejandro_____ jugar al futbol. (poder)
3. Osvaldo_____ a otra universidad. (ir)
4. Yo siempre_____ la verdad. (decir)
5. ¿ _____ ellos comer todas las manzanas? (poder)
6. Yo_____ el telegrama a mi padre. (dar)
7. Nosotros_____ las palabras en español. (decir)

8. El equipo_____a ganar. (ir)

9. Marta y yo_____ir a jugar al tenis. (poder)

10. ¿_____tú —Buenos días— al profesor?
(decir)

C. Present perfect tense (present of *haber* and the past participle).
Complete the sentences.

Tú has regresado a la universidad.

Ellas_____.

Dorotea_____hospital.

Yo_____.

Nosotros_____ cuarto.

Yo he bebido todo el café.

Felipe y Paco_____.

Tú_____leche.

Tu abuelo y yo_____.

El_____té.

Ella ha recibido el regalo.

Yo_____.

Nosotros_____ cartas.

María y Juan_____.

Tú_____libro.

D. Using the infinitive in parentheses, complete the sentences using
the present perfect tense.

1. El_____ el juego. (ganar)

2. Isabel y otra alumna_____cincuenta por
ciento. (recibir)

3. ¿Tú_____bien los números? (aprender)

4. Nosotros_____ todos los cuadernos. (mirar)

5. Yo_____ a muchas universidades. (asistir)

4. Cortesía o inteligencia

I. Vocabulary Exercises

A. Word groups: You can increase your Spanish vocabulary by looking at unfamiliar words and seeing if they are related to others which you already know. Example: *el regalo* you know is gift. What does *regalar* mean? It means to give as a gift. Find the infinitive in the dictionary for the following words and tell what both mean.

1. la sorpresa
2. la pregunta
3. el juego
4. el habla
5. la visita

6. la alegría
7. la tristeza
8. la comida
9. la bebida
10. la entrada

B. The absolute superlative is formed in Spanish by using the masculine singular form of the adjective and removing the end vowel and adding *-ísimo*.

Model: grande grand- grandísimo

In English the absolute superlative indicates very, such as very big. Form the absolute superlative for these words.

1. mucho
2. viejo
3. alegre
4. pobre
5. fácil

C. Synonyms: Match these words of similar meaning.

A	B
1. charlar	1. observar
2. el chocolate	2. pues
3. ver	3. hablar
4. sobre	4. los dulces
5. entonces	5. en

D. Antonyms: Match these words of opposite meaning.

A	B
1. el calor	1. pequeño
2 tomar	2. la tristeza
3. cortés	3. el frío
4. grande	4. poner
5. la alegría	5. descortés

II. Structures: Form sentences using the words in the order given. Refer to the story for the correct structures.

1. Carlos/asistir/escuela/secundario.
2. Chico/seguir/observar/dulces.
3. Señora/López/dejar/charlar.
4. Hoy/hacer/bueno/tiempo.
5. Mujeres/jugar/naipes.
6. Carlitos/empezar/jugar/pelota.
7. Yo/ir/dar/dulces/Carlos.
8. Nosotros/saber/que/usted/mirar/cajita.
9. Tú/dar/gracias/mujer.
10. Mano/ser/más/grande/que/mío.

III. Verb Exercises: Present tense of *hacer, saber, -cer* infinitives and -*cir* infinitives.

A. Complete the sentences.

Yo hago la tarea.

Ellos_____.

Usted_____vestido.

Elena y yo_____.

Tú_____.

Tú sabes hablar español.

Yo_____.

Usted y Paco_____jugar_____futbol.

Nosotros_____.

Ella_____pelota.

Yo agradezco a las señoras.

Nosotros_____.

Ramón y Leonardo_____señores.

Tú_____.

La chica_____señorita.

Carlos traduce el cuento al inglés.

Tú_____.

Yo_____novela_____.

Los maestros_____.

Ustedes_____ensayo_____.

B. Complete the sentences using the correct form of the present tense.

1. Juan_____responder con cortesía. (saber)
2. ¿_____tú tus vestidos? (hacer)
3. Yo_____bien al señor Goyota. (conocer)
4. ¿_____ellos el libro en francés? (traducir)
5. ¿Qué_____yo ahora? (hacer)
6. Nosotros_____que_____frío.
   (saber, hacer)
7. Yo_____a mis padres. (agradecer)
8. Los señores_____a mi amigo en la casa.
   (introducir)
9. Yo_____a la mujer alta. (reconocer)
10. ¿_____mal tiempo? (hacer)

5. El matasanos

I. Vocabulary Exercises

A. Word Groups: Find a word in the story which is related to these words.

Model: la medicina - el médico

1. la enfermera
2. el dormitorio
3. la mirada
4. el trabajador
5. emplear

6. la fábrica
7. la noche
8. vender
9. doler
10. pasear

B. Synonyms: Match these words of similar meaning.

A	B
1. dejar	1. con atención
2. treinta minutos	2. el doctor
3. atentamente	3. el empleo
4. el trabajo	4. permitir
5. el médico	5. media hora

C. Antonyms: Match these words of opposite meaning.

A	B
1. poco	1. la luna
2. venir	2. bien
3. enfermo	3. ir
4. al fin	4. mucho
5. el sol	5. al principio

II. Structures: Form sentences using the words in the order given.
Refer to the story for the correct structures.

1. Yo/venir/cambiar/empleo.
2. Yo/no/poder/aguantar/luz/sol.
3. ¿Tener/tú/dolor/cabeza?
4. Yo/dar/paseo/largos.
5. Me/gustar/dormir/en lugar de/leer/libros.

III. **Verb Exercises:** Future tense of regular *-ar, -er* and infinitives.

A. Complete the sentences.

Ellas trabajarán todo el día.

Tú_____.

Yo_____noche.

Nosotras_____.

Paco_____mes.

Yo venderé mis libros.

Roberto_____.

Tú_____cuadros.

Mi familia y yo_____.

Usted_____.

Tú recibirás muchas cartas.

Yo_____.

Elena_____ regalos.

Ellas_____.

Nosotros_____.

B. Change these verbs from the present to the future tense.

Model: hablo - hablaré

1. trabajas	6. vivimos
2. vendemos	7. divido
3. reciben	8. canta
4. paso	9. bebemos
5. aprende	10. vivís

C. Change these verbs from the present perfect tense to the future tense.

1. hemos trabajado	6. has bebido
2. han vivido	7. he vendido
3. ha dividido	8. habéis dado
4. has recibido	9. han cantado
5. hemos aprendido	10. ha pasado

8. Una novia nerviosa

I. Vocabulary Exercises

A. Word Groups: Find a word in the story which is related to these words. Tell what both mean.

1. la invitación
2. la cena
3. la enseñanza
4. la comprensión
5. la entrada

6. el asiento
7. asar
8. bajar
9. la cocinera
10. necesario

B. Synonyms: Match these words of similar meaning.

A	B
1. cenar	1. doce
2. una docena	2. traer
3. distinto	3. comer
4. la peseta	4. el dinero
5. llevar	5. diferente

C. Antonyms: Match these words of opposite meaning.

A	B
1. mezclar	1. debajo de
2. sentarse	2. alto
3. sobre	3. separar
4. bajo	4. lo mismo
5. distinto	5. levantarse

II. Structures: Form sentences using the words in the order given. Refer to the story for the correct structures.

1. Yo/tener/poner/mesa/todo/días.
2. Ellas/invitar/novios/cenar.
3. Tú/decir/Salud y pesetas/antes de/beber/vino.
4. Inés/necesitar/doscientos/plato.
5. Yo/regresar/cocina/platos/vasos.

III. Verb Exercises: Present tense of *poner, salir, ver, leer* and *creer*.

A. Complete the sentences with the correct present tense form of the verb in parentheses.

1. Yo_____las legumbres en los platos. (poner)
2. El_____ de la cocina. (salir)
3. Mis amigas y yo_____lo que hace el hombre. (ver)
4. Tú_____el periódico todos los días. (leer)
5. Inés_____ lo que dicen sus padres. (creer)
6. Nosotros_____los vasos en la mesa. (poner)
7. ¿_____ustedes cada cuento en el libro? (leer)
8. Yo_____a las tres en punto. (salir)
9. ¿ _____ellas que hace calor? (creer)
10. El_____a María todos los viernes. (ver)

B. Match the present tense verbs in column A with the present perfect tense verbs in column B.

A	B
1. pongo	1. ha visto
2. sales	2. he puesto
3. ve	3. hemos leído
4. leemos	4. han creído
5. creen	5. has salido

9. ¡Buen provecho!

I. Vocabulary Exercises

A. Word Building: In Spanish one can add the prefix *des-*to certain words to change the meaning of the original word. Prefix the following words with *des-* and tell what both words mean.

Model: cortés - descortés

1. conocido
2. aparecido
3. cubrir
4. cansado
5. componer

B. Synonyms: Find synonyms from the story for these words or phrases.

1. contesta otra vez
2. al próximo día
3. cuatro semanas
4. dando paseos
5. alegre

C. Antonyms: Find words of opposite meaning in the story and tell what both mean.

1. el trabajo
2. aquí
3. triste
4. se levanta
5. salir

D. Cardinal numbers and days of the week: Following the model, complete the sentences.

Model: El primer día de la semana es domingo.

_____ lunes.

__tercer_____.

_____ miércoles.

__quinto_____.

108

_____ viernes.

__último_____.

II. **Structures:** Form sentences using the words in the order given. Refer to the story for the correct structures.

1. ¿Qué/querer/decir/frase/Buen provecho?
2. Ellos/ir/comiendo/carne/asado.
3. Yo/ir/estudiar/examen/español.
4. Yo/dar/libros/amigos.
5. Yo/volver/contestar/abuelo.
6. El/contar/lo que/usted/leer.
7. Me/gustar/dormir/nueve/hora/cada/noche.
8. Yo/pensar/que/usted/tener/razón.
9. Ellos/pasar/alguno/horas/mirando/edificios.
10. Tú/estar/contento/porque/él/estar/aquí.

III. **Verb Exercises:** Present tense of _querer, pensar, volver, dormir_ and _contar;_ affirmative formal, singular and plural commands.

A. Complete the sentences.

Yo pienso que el hombre está tratando de leer.
Pablo_____.
Ustedes_____mujeres_____.
Tú_____.
Nosotros_____cantar.

Tú quieres comer.
Ellos_____.

Yo_____leer.
Nosotros_____.
Elena_____jugar.

Juan vuelve a casa temprano.
Yo_____.
Ustedes_____teatro_____.

109

Marcia y yo_____.

Tú_____ escuela_____.

Yo duermo doce horas cada noche.

Manuel_____.

Nosotros_____ siete_____.

Tú_____.

Los gatos_____ día.

Los padres cuentan el incidente al policía.

Yo_____.

Alejandro_____ profesora.

Nosotros_____.

Tú_____ maestro.

B. Complete the sentences using the present tense of the verbs in parentheses.

    1. Tú_____ venir al restaurante. (pensar)

    2. El señor Jones_____ comer con el español. (querer)

    3. Nosotros_____ a casa a la una. (volver)

    4. ¿_____ ustedes durante sus clases? (dormir)

    5. Yo_____ el dinero con cuidado. (contar)

    6. Mis padres_____ comer carne asada. (querer)

    7. Su familia y sus amigos_____ durante el día. (dormir)

    8. Ellos_____ que el mozo es mexicano. (pensar)

    9. María y Tomás_____ a ver la película. (volver)

    10. Tú_____ la historia a tus hermanitos. (contar)

C. Follⅼᴄ.. ᴄhe model.

Model: visitar   ¡visite!   ¡visiten!

               responder ¡responda! ¡respondan!

| recibir | ¡reciba! | ¡reciban! |
| pensar | ¡piense! | ¡piensen! |

1. hablar
2. comer
3. vivir
4. tomar
5. beber

6. contar
7. volver
8. escribir
9. decidir
10. sentar

10. Yo no comprendo

I. Vocabulary Exercises

A. Word Groups: Follow the model and tell what the new words mean.

Model: el reloj   el relojero   la relojería
        watch   watchmaker   watch shop

1. el libro
2. el zapato
3. la joya
4. el pastel
5. el sombrero

B. Word Groups: Find words in the story from the same family of words and tell what both mean.

1. la muerte
2. el negociante
3. cansarse
4. cerca de
5. ir de compras
6. el billetero
7. el grito
8. el trabajador
9. ensangrentar
10. el vendedor

C. Nouns and Adjectives: Using the following nouns, give the adjective form of the word and tell what both mean.

Model: la riqueza   rico, -a
        wealth, richness   rich, wealthy

1. la belleza
2. la pobreza
3. la tristeza
4. la grandeza
5. la alteza

D. Synonyms: Match these words of similar meaning.

A	B
1. la procesión	1. la boda
2. el casamiento	2. el avión

3. el marido
4. el aeroplano
5. el suelo

3. la tierra
4. el cortejo
5. el esposo

F. Antonyms: Find words of opposite meaning in the story and tell what both mean.

1. descansado
2. vivir
3. comprar
4. sonreír
5. la medianoche

II. Structures: Form sentences using the words in the order given. Refer to the story for the correct structures.

1. Ellos/acabar/escribir/cartas/hermanos.
2. Yo/haber/ver/película/teatro/centro.
3. Nosotros/hacer/pregunta/sereno.
4. Tú/haber/hablar/hacer/veinte/minutos.
5. Elena/estar/a punto/llegar/estación.
6. Yo/me/hallar/Francia/visitar/abuelos.
7. Suelo/estar/cubierto/vino/rojo.
8. Yo/no/comprender/lo que/decir/maestro.
9. El/volver/gritar/ladrón.
10. Ellas/preguntar/italiano/nombre/novio.

III. Verb Exercises: Present tense of *caer, traer, oír;* familiar affirmative commands; irregular past participles.

A. Complete the sentences.

Yo caigo al suelo.

Ellas_____.

Nosotros_____.

Tú_____.

Guillermo_____.

Tú traes la carta a la maestra.

Ustedes_____.

Yo_____policía.
Felipe y yo_____.
El_____esposa.

Ellos oyen la voz del médico.
Tú_____.
Gracia_____vendedora.
Yo_____.
Nosotros_____policía.

B. Change the verbs from the present perfect to the present tense.

1. he oído
2. han traído
3. hemos caído
4. has oído
5. ha caído

C. Follow the model.

Model:

visitar	¡visita tú!
responder	¡responde tú!
recibir	¡recibe tú!
pensar	¡piensa tú!

1. hablar   6. dormir
2. comer   7. tomar
3. decidir   8. contar
4. volver   9. traer
5. escribir   10. traducir

D. Give the infinitive for the irregular past participles.

1. escrito   6. visto
2. dicho   7. roto
3. hecho   8. descubierto
4. cubierto   9. vuelto
5. abierto   10. muerto

E. Change these verbs to the present tense.

1. has escrito
2. mi madre ha dicho
3. han hecho
4. han cubierto
5. he abierto
6. Paco ha descubierto
7. hemos vuelto
8. ha muerto
9. habéis visto
10. has dicho

11. ¿Cómo aprenden los niños?

I. Vocabulary Exercises

A. Word Groups: Find words in the story from the same family and tell what both mean.

1. la leyenda
2. cansarse
3. el sufrimiento
4. el período
5. corregir
6. el enojo
7. examinar
8. nombrar
9. la tontería
10. bajo

B. Synonyms: Find words of similar meaning in the story and give the meaning of both.

1. la silla
2. el diario
3. comenzar
4. la contestación
5. pensar

C. Antonyms: Find words of opposite meaning in the story and give the meaning of both.

1. viejo
2. olvidar
3. hablar
4. nada
5. la desconfianza

D. Complete the sentences with an appropriate word from the story.

1. El_____es un árbol de la pampa.
2. Una persona_____no sabe mucho.
3. Una_____es una silla grande.
4. Al fin del semestre vamos a_____un examen en español.
5. Para_____bien en un examen es necesario estudiar mucho.

116

6. Hablamos con la_____.
7. Para saber lo que pasa es necesario leer el_____.
8. El Iguazú es una catarata entre el Brasil y_____.
9. Para_____es necesario hacer preguntas.
10. La capital del Brasil es_____.

II. **Structures:** Form sentences using the words in the order given. Refer to the story for the correct structures.

    1. Yo/no/tener/dolor/cabeza.
    2. No/me/pasar/nada/interesante.
    3. El/no/acordarse/nombre/señor.
    4. Se/le/olvidar/cuaderno/historia.
    5. Se/me/olvidar/traer/dinero/Paco.
    6. ¿ Estar/tú/enfermo ?
    7. Nosotros/haber/leer/cuento/periódico.
    8. Yo/no/querer/escribir/cartas/señores.
    9. Ellos/no/querer/enojar/maestras/todo/tiempo.
    10. Mi/padre/dejar/caer/diario/suelo.

III. **Verb Exercises:** Present tense of *sentir, divertirse;* irregular present participles; irregular familiar affirmative commands.

    A. Complete the sentences.

        Yo lo siento.
        Pablo lo _____.
        Sus abuelos lo_____.
        Tú lo_____.
        Nosotros lo_____.

        El divierte a los niños.
        Miguel y yo_____.
        Yo_____niña.
        Tú_____.
        Su abuela_____chico.

        Tú te diviertes leyendo la novela.
        Ellos_____.

117

Usted_____mirando la televisión.

Nosotros_____.

Yo_____.

B. Match the irregular present participles with their infinitives.

A	B
1. creyendo	1. ir
2. oyendo	2. caer
3. yendo	3. traer
4. leyendo	4. creer
5. trayendo	5. leer
6. cayendo	6. oír

C. Change the verb from the present progressive to the present tense.

1. estás leyendo	6. estoy oyendo
2. están oyendo	7. estás creyendo
3. estoy cayendo	8. están yendo
4. estamos trayendo	9. estamos cayendo
5. está yendo	10. está trayendo

D. Match these irregular familiar affirmative commands with their infinitive.

A	B
1. ¡Hazlo!	1. dar
2. ¡Dime!	2. venir
3. ¡Vete!	3. hacer
4. ¡Ponlo aquí!	4. decir
5. ¡Ven conmigo!	5. salir
6. ¡Dámelo!	6. poner
7. ¡Sal de mi casa!	7. irse

E. Match the affirmative and negative familiar commands.

A

1. ¡No me digas mentiras!
2. ¡No seas tonto!

118

3. ¡No tengas miedo de decir la verdad!
4. ¡No tengas miedo de su padre!
5. ¡No me traigas agua!
6. ¡No te vayas ahora!
7. ¡No mires por la ventana!

B

1. ¡Ten miedo de decir mentiras!
2. ¡Ten miedo de tus enemigos!
3. ¡Mira tu libro!
4. ¡Sé inteligente!
5. ¡Vete más tarde!
6. ¡Dime la verdad!
7. ¡Tráeme vino!

12.   El rebelde

I.   Vocabulary Exercises

A. **Word Groups :** Find a word in the story from the same word family and tell what both mean.

    1. el reino
    2. la mayoría
    3. principiar
    4. servir
    5. rebelar

B. **Synonyms :** Find words of similar meaning in the story and give the meaning of both.

    1. el mozo
    2. conseguir
    3. la nación
    4. el cabello
    5. el padre

C. **Antonyms :** Find words of opposite meaning in the story and tell what both mean.

    1. la democracia
    2. blanco
    3. alegremente
    4. la guerra
    5. la reina

D. **Family Members :** Complete the sentences with the correct word.

    1. La hija de mi tío es mi_____.
    2. La hija de los reyes es_____.
    3. La hija de mis padres es mi_____.
    4. El padre de mi madre es mi_____.
    5. La esposa del rey es_____.
    6. La hermana de mi padre es mi_____.

E. Months: Follow the model.

El mes de abril tiene treinta días.

_____junio_____.

_____septiembre_____.

_____noviembre_____.

_____enero_____treinta y un_____.

_____marzo_____.

_____mayo_____.

_____julio_____.

_____agosto_____.

_____octubre_____.

_____diciembre_____.

F. Cardinal numbers and months of the year: Follow the model.

Enero es el primer mes del año.

Febrero_____.

Marzo_____.

Abril_____.

_____quinto_____.

Junio_____.

Julio_____.

_____octavo_____.

Septiembre_____.

Octubre_____.

Noviembre_____.

Diciembre_____último mes del año.

II. Structures: Form sentences using the words in the order given. Refer to the story for the correct structures.

1. Se/decir/que/hijo/mi/padres/ser/mi/hermano.
2. Se/decir/que/padre/tu/madre/ser/abuela.
3. Se/decir/que/hermana/su/padre/ser/tío.
4. Se/decir/que/hija/nuestro/tío/ser/primo.
5. Se/decir/que/su/abuelos/su/primos/ser/pariente.

121

6. Yo/poner/basura/afuera.
7. Ellas/tener/ganas/levantarse.
8. ¿ Quién/tener/poner/mesa ?
9. Nosotros/tener/ojos/azul.
10. Niño/ser/más/pequeño/que/ella.

III. Verb Exercises : Present tense of *sentarse, acostarse;* present perfect of *sentarse.*

A. Complete the sentences.

Yo me siento cuando entra él.
Ramona_____.
Nosotros_____señores.
Tú_____.
Ustedes_____señorita.

Tú te acuestas temprano.
Mi familia y yo_____.
Usted_____ tarde.
Ellas_____.
Yo_____.

B. Complete the sentences.

Yo me he sentado en la oficina.
Paco_____.
Nosotros_____.
Tú_____silla.
Los jóvenes_____.

C. Change the verbs from the future to the present perfect tense.

1. abriré
2. descubrirá
3. caerás
4. escribirán
5. venderán
6. cubrirás
7. traerá
8. volveremos
9. morirás
10. creeré

D. Change the verbs from the present to the present progressive.

1. vuelve
2. escriben
3. caes
4. voy
5. abren

6. traigo
7. hago
8. creen
9. veo
10. doy

16. Una sopa maravillosa

I. Vocabulary Exercises

A. Word Groups: Find a word in the story from the same word family and tell what both mean.

1. caliente
2. el interés
3. el permiso
4. la maravilla
5. juzgar
6. regalar
7. engañar
8. la lavandera
9. el campo
10. la carnicería

B. Synonyms: Find words of similar meaning in the story and tell what both mean.

1. irritado
2. es barato
3. deja
4. los vegetales
5. la madera

C. Antonyms: Find words of opposite meaning in the story and tell what both mean.

1. la sed
2. largo
3. antes de
4. el verano
5. el calor

D. Choose a word which completes the sentence from those listed below.

estufa   pan   dinero

bolsillo   marmita   invierno   hacha

escopeta   gitanos   legumbres

1. Hace frío en el_____.
2. Un pordiosero pide_____.
3. Hacemos sopa en una_____.

4. Ponemos una marmita sobre la_____.
5. Guardo mi dinero en el_____.
6. Cortamos leña con una_____.
7. Cebollas, garbanzos y habichuelas son_____.
8. Los_____viajan mucho.
9. El panadero vende_____.
10. Matamos unos animales con una_____.

II. **Structures :** Form sentences using the words in the order given. Refer to the story for the correct structures.

1. Hoy/yo/tener/mucho/hambre/mucho/sed.
2. En/momento/hacer/bueno/tiempo.
3. El/me/permitir/entrar/sentarse.
4. Padre/me/dejar/hacer/sopa.
5. Yo/pedir/pedazo/pan/mujer.
6. Me/hacer/ir/campo.
7. ¡ Hacer/me/tú/trabajar !
8. Hay/marmita/sobre/mesa.
9. Ellos/lo/dejar/ir/juzgado.
10. Aquí/estar/pollo/pedazo/carne/hacer/sopa.

III. **Verb Exercises :** Review of 1–16.

A. Complete the chart of regular present tense verbs.

	regresar	responder	vivir
tú	_____	_____	_____
nosotros	_____	_____	_____
yo	_____	_____	_____
María	_____	_____	_____
ellos	_____	_____	_____

B. Complete the chart using the present progressive tense (present of *estar* and the present participle).

	pensar	beber	dividir
nosotros	_____	_____	_____

yo	_____	_____	_____
él	_____	_____	_____
ustedes	_____	_____	_____
tú	_____	_____	_____

C. Complete the chart with the present perfect tense (present of *haber* and the past participle).

	comprar	comer	vivir
ellas	_____	_____	_____
yo	_____	_____	_____
nosotros	_____	_____	_____
tú	_____	_____	_____
usted	_____	_____	_____

D. Complete the chart.

	pensar -yo	volver-él	querer-ellos
present	_____	_____	_____
present progressive	_____	_____	_____
present perfect	_____	_____	_____
future	_____	_____	_____

E. Complete the sentences with the correct form of the infinitive in parentheses.

1. Yo_____la voz de mi madre. (oír)
2. El_____afuera la basura. (poner)
3. Nosotros_____a la escuela cada día. (ir)
4. ¿Has_____la mesa? (cubrir)
5. Hemos_____el dinero en la mesa. (poner)
6. He_____el accidente. (ver)
7. Yo_____la frase en inglés. (traducir)
8. Han_____la verdad. (decir)
9. Yo_____a su primo. (conocer)
10. ¿Han ellos_____la puerta? (abrir)

17. La propina

I. Vocabulary Exercises

A. Word Building: Add the prefix *des-* to the following words and give their new meaning.

1. agradable
2. dicha
3. cansar
4. ayuno
5. cuidar

B. Synonyms: Find words of similar meaning in the story and tell what both mean.

1. hermoso
2. el criado
3. hablar
4. agradable
5. el camión

C. Antonyms: Find words of opposite meaning in the story and tell what both mean.

1. lejos de
2. rápidamente
3. feo
4. andando
5. regresar

D. Complete the sentences with one of the words listed.

> mozo   propina   chofer   pasaporte
> clima   piscina   ómnibus

1. Muchas personas pueden viajar en un_____.
2. Para ir a un país extranjero necesitamos un_____.
3. No me gusta vivir en aquel país porque su_____
   es muy desagradable.
4. El_____sirve las comidas en el hotel.

5. Si me gusta la comida, doy una_____.

6. No debemos nadar cuando no hay agua en la_____.

7. El_____conduce un taxi.

II.   Structures: Form sentences using the words in the order given. Refer to the story for the correct structures.

1. Yo/no/querer/engañar/nadie.

2. Ustedes/no/querer/escribir/poemas.

3. Dorotea/acabar/cerrar/puerta.

4. Nosotros/pasar/horas/entero/charlando/amigos.

5. Yo/pensar/conducir/auto/padre.

6. Hacer/mal/clima/mañana.

7. Mozo/seguir/repitiendo/palabras/español.

8. Nosotros/estar/alejarse/rápidamente.

9. Raquel/pensar/regresar/cuatro/mañana.

10. Sin/intentar/yo/haber/decir/mentira.

III.   Verb Exercises: Regular -*ar*, -*er* and -*ir* preterite.

A.   Complete the sentences.

Yo engañé a un pobre mozo.

Ellos_____.

Nosotros_____maestros.

Tú_____.

Usted_____maestra.

Yo comí una sopa maravillosa.

Paco y yo_____.

Marcia_____carne asada.

Ustedes_____.

Tú_____pan tostado.

Juan decidió aprender esta lengua.

Tú_____.

Ellas_____deporte.

Yo_____.

Nosotros_____palabras.

B. Change the verbs from the present perfect to the preterite tense.

1. he intentado
2. has charlado
3. ha pagado
4. hemos gritado
5. han enseñado
6. he corrido
7. has aprendido
8. ha decidido
9. hemos repetido
10. han recibido

18. La puntuación

I. Vocabulary Exercises

A. Word Groups: Find a word in the story from the same family and tell what both mean.

    1. riendo
    2. borrar
    3. la tranquilidad
    4. la explicación
    5. la tontería

B. Synonyms: Find words of similar meaning in the story and tell what both mean.

    1. necio
    2. llegó a ser
    3. la frase
    4. la contestación
    5. el estudiante

C. Antonyms: Find words of opposite meaning in the story and tell what both mean.

    1. al fin
    2. último
    3. la luz
    4. sabio
    5. voz baja

D. Complete the sentences with a word from those listed.

    signos de puntuación   tiza   borrador
    candela   lema   oscuridad   atónito

    1. Mi_____es: Si no tenemos éxito al principio, debemos seguir trabajando.
    2. Para escribir en la pizarra, necesitamos_____.
    3. Es difícil encontrar el camino en la_____.
    4. Coma (,), punto (.), punto y coma (;), y dos puntos (:) son_____.

5. Si no hay luz eléctrica, prendemos una_____.
6. Para limpiar la pizarra, necesitamos un_____.
7. Cuando recibí una buena nota, me quedé_____.

II. **Structures**: Form sentences using the words in the order given. Refer to the story for the correct structures.

1. Mi/tío/hacerse/abogado/año/pasado.
2. María/ponerse/prender/candela/ayer.
3. Ramón/seguir/haciendo/preguntas/bueno/anoche.
4. Tú/divertirse/en lugar/escribir/oración.
5. Todo/clase/quedarse/interesado/lunes/pasado.
6. Ayer/él/decir/que/no/poder/molestar/maestro.
7. Yo/saber/que/anoche/él/no/querer/interrumpirme.
8. Ellas/no/tener/dolor/cabeza/ahora.
9. Mañana/yo/tratar/explicar/lección/nuevo.
10. Leonardo/ser/muchacho/más/desagradable/clase.

III. **Verb Exercises**: Irregular preterites *hacer, decir, poder, poner* and *querer*.

A. Complete the sentences.

Tú hiciste unas respuestas buenas.
Nosotros_____.
Carlos_____necia.
Yo_____.
Ustedes_____.

Yo dije la verdad.
Marta_____.
Pedro y yo_____una mentira al profesor.
Tú_____.
Ellas_____madre.

Ella pudo enojarse con el policía.
Yo_____.
Nosotros_____criada.
Ustedes_____.
Tú_____vendedor.

Yo puse la candela sobre la mesa.

Ramón_____.

Mi familia y yo_____regalos_____.

Ellos_____.

Tú_____libro_____.

Tú quisiste interrumpir la lección.

Ustedes_____.

Nosotros_____cuento.

Yo_____.

Alejandro_____maestro.

B. Change the verbs from the present perfect to the preterite.

1. he dicho
2. has querido
3. han podido
4. he puesto
5. ha hecho
6. han querido
7. han dicho
8. has puesto
9. he podido
10. hemos hecho

19. El astronauta

I. Vocabulary Exercises

A. Word Groups: Find a word in the story from the same family and tell what both mean.

1. el peligro
2. el humo
3. anochecer
4. cubierto
5. proteger

B. Synonyms: Find words of similar meaning in the story and tell what both mean.

1. suficiente
2. volver
3. el empleo
4. golpeando
5. quieres

C. Antonyms: Find words of opposite meaning in the story and tell what both mean.

1. el día
2. frío
3. preguntó
4. la cobardía
5. la tierra

D. Complete the sentences with one of the words listed.

estrellas   bomberos   playa   anteojos
aplaude   peligroso   sol

1. Para nadar vamos a la_____.
2. El trabajo del policía es muy_____.
3. Durante el día recibimos la luz del_____.
4. Hay muchas_____en el cielo.
5. Cuando un niño está alegre,_____.

6. Mucha gente se pone _____ con lentes ahumados.

7. Cuando hay un fuego llamamos a los _____.

II. **Structures:** Form sentences using the words in the order given. Refer to the story for the correct structures.

1. Este/momento/él/oír/voz/madre.
2. ¡Qué/dinero/se/necesitar/para/hacer/viaje!
3. Mañana/yo/ponerse/sombrero/para/ir/playa.
4. Familia/estar/sentado/comedor/todo/días.
5. Próximo/mes/yo/hacer/viaje/autobús.
6. Ellos/tener/miedo/ir/museo/mañana.
7. Cada/día/nosotros/comparar/notas.
8. Tú/acabar/regresar/luna.
9. Yo/ya/saber/que/usted/ser/comerciante.
10. Todo/días/tú/me/decir/que/él/querer/ser/bombero.

III. **Verb Exercises:** Irregular preterites *oír, caer, leer, creer.*

A. Complete the sentences.

Tú oíste la voz del bombero.
Nosotros _____.
Ella _____ maestra.
Yo _____.
Ellos _____ niño.

Yo me caí en el suelo.
Mi hermano y yo _____.
Tú _____ hielo.
Manuel _____.
Ustedes _____ playa.

Nosotros creímos el cuento.
El _____.
Yo _____ la mentira.
Juan y Guillermo _____.
Tú _____ el chiste.

Carlota leyó el periódico.

Yo_____.

Ellas_____novelas.

Nosotros_____.

Tú_____cuento.

B. Complete the chart.

	oír-yo	creer-tú	leer-él	caer-nosotros
present	_____	_____	_____	_____
present progressive	_____	_____	_____	_____
present perfect	_____	_____	_____	_____
future	_____	_____	_____	_____
preterite	_____	_____	_____	_____

20. Aquí se habla español

I. Vocabulary Exercises

A. Word Groups: Find words from the same family in the story and tell what both mean.

    1. la clientela

    2. lleno

    3. mayor

    4. mejor

    5. el vecino

B. Synonyms: Find words of similar meaning in the story and tell what both mean.

    1. el letrero

    2. el dueño

    3. el negociante

    4. inteligente

    5. común

C. Antonyms: Find words of opposite meaning in the story and tell what both mean.

    1. caro

    2 la tristeza

    3. desapareció

    4. la minoría

    5. alguien

D. Complete the sentences with one of the words listed.

    comerciante escaparate baratos chicano
            ropa hispano barrio

    1. Un_____es un estadounidense de padres mexicanos.

    2. La vecindad de Nueva York donde viven muchos puertorriqueños se llama el_____.

    3. Se muestran mercancías en el_____.

    4. El propietario de una tienda es un_____.

    5. Para mejorar los negocios es necesario tener precios

    _____.

6. Un_____es una persona de habla española.

7. Se vende_____en una tienda de ropa.

II. Structures : Form sentences using the words in the order given. Refer to the story for the correct structures.

1. Aquí/se/hablar/español/francés.
2. Yo/vivir/vecindad/habla/inglesa.
3. Millón/ruso/vivir/aquel/barrio.
4. Tú/ir/compras/tiendas/donde/se/hablar/español.
5. No/venir/nadie/día/tras/día.
6. Leonardo/no/poder/escribir/porque/faltar/lápiz.
7. Después/este/semana/nosotros/vender/ropa/barato.
8. En/todo/tiendas/se/ver/letrero.
9. Yo/no/saber/más/uno/oraciones/este/novela.
10. Nosotros/ir/borrar/uno/palabras/este/letrero.

III. Verb Exercises : Imperfect tense of regular -ar, -er and -ir infinitives; imperfect progressive.

A. Complete the sentences.

Tú hablabas una lengua oriental.

Nosotros_____.

Yo_____ extranjeras.

Ella_____.

Ustedes_____.

Yo decía la verdad.

Marta_____.

Mis padres_____.

Tú_____.

Nosotros_____.

B. Complete the chart using the imperfect progressive (imperfect of *estar* and the present participle).

	yo	nosotros	tú	ellos
regresar	___	___	___	___
beber	___	___	___	___
dividir	___	___	___	___

C. Complete the chart.

	querer-nosotros	hacer-él	decir-yo	poner-tú
present	————	————	————	————
present progressive	————	————	————	————
present perfect	————	————	————	————
future	————	————	————	————
preterite	————	————	————	————
imperfect	————	————	————	————
imperfect progressive	————	————	————	————

24. Nada

I. Vocabulary Exercises

A. Word Groups: Find a word from the same family in the story and tell what both mean.

1. el nadador
2. la cocina
3. enseñar
4. perder
5. el músico

B. Synonyms: Find words of similar meaning in the story and tell what both mean.

1. no tienes razón
2. la aritmética
3. sencillo
4. el curso
5. el profesor

C. Antonyms: Find words of opposite meaning in the story and tell what both mean.

1. el hombre
2. difícil
3. tener razón
4. la solución
5. la diversión

D. Complete the sentences with one of the words listed.

cocinar   nadar   renunciar   problemas   enseñan
aprenden   pérdida   huevos   asignaturas

1. Tenemos que_____la carne antes de comerla.
2. ¿ Cuánto cuesta una docena de_____ ?
3. Todo el mundo tiene muchos_____.
4. El alumno tiene un programa de cinco_____ .
5. Los maestros_____ y los estudiantes_____.

6. Voy a la playa si deseo_____.

7. Debemos_____ a las acciones violentas.

8. La _____ de un millón de dólares es un asunto serio.

II.   Structures : Form sentences using the words in the order given. Refer to the story for the correct structures.

1. Propósito/él/querer/hacerse/médico.

2. ¿ Qué/lenguas/se/enseñar/aquí ?

3. Tú/poder/llegar/ser/profesor/ciencia.

4. Mañana/nosotros/no/poder/estudiar/mismo/tiempo.

5. El/darse/cuenta/él/no/saber/nadar.

6. ¿ Qué/tener/hacer/profesor/álgebra/próximo/semana ?

7. Mañana/yo/salir/bien/examen/química.

8. Prómixo/mes/tú/ponerse a/estudiar/francés.

9. ¿ Qué/parecerse/a ti/profesora/nuevo ?

10. Yo/creer/que/hacer/frío/playa.

III.   Verb Exercises : Future tense of irregular verbs *poder, hacer, tener* and *decir.*

A.   Complete the sentences.

Yo podré llegar a ser profesor.

Mi hermana_____.

Nosotras_____.

Ellos_____.

Tú _____.

Nosotros tendremos que hacerlo.

Yo_____.

Tú_____prepararlas.

María_____.

Ustedes_____ comerlo.

El hará un viaje.

Nosotros_____.

Paco y Pablo_____torta.

Tú_____.

Yo_____ blusa.

Tú dirás la verdad.

Ellas_____.

Pedro y yo_____mentiras.

Yo_____.

Carlota_____.

B. Give the infinitive for the future forms.

1. querrás
2. habrán
3. saldrá
4. valdrán
5. tendremos

6. sabremos
7. vendré
8. pondremos
9. podré
10. hará

C. Change the verbs from the imperfect to the future.

1. podías
2. queríamos
3. yo sabía
4. él había
5. tenían
6. ella venía
7. salías

8. decían
9. querías
10. venías
11. yo ponía
12. salían
13. poníamos
14. valían

25. El concierto

I. Vocabulary Exercises

A. Word Groups: Find words from the same family in the story and tell what both mean.

1. negativo
2. el pianista
3. la salida
4. el sufrimiento
5. exportar

B. Synonyms: Find words of similar meaning in the story and tell what both mean.

1. envió
2. quemando
3. el diario
4. quebrar
5. terminó

C. Antonyms: Find words of opposite meaning in the story and tell what both mean.

1. remendar
2. divertirse
3. recibir
4. peor
5. salir

D. Complete the sentences with one of the words listed.

> naranja refrescos cesto cerezas azúcar piano violonchelo
> guitarra concierto ardiendo guía sobrepasar

1. Iturbi toca el_____.
2. Casals toca el_____.
3. Los atletas tratan de_____un record.
4. Me gusta el té con_____.
5. Cuando tenemos visitas, les ofrecemos_____.

6. No debemos poner los huevos en el mismo_____.
7. Si quiero escuchar música, asisto a un_____.
8. Busco un número de teléfono en la_____ telefónica.
9. Llamo a los bomberos porque mi casa está_____.
10. Segovia toca la_____.
11. Las manzanas y las_____son frutas.
12. Por el desayuno bebo jugo de_____.

II. **Structures :** Form sentences using the words in the order given. Refer to the story for the correct structures.

1. Ellos/no/tener/ganas/sufrir/examen/español.
2. Cada/día/mes/pasado/niño/negarse/tocar/piano.
3. Antes/su/muerte/Pablo/ser/pianista/bueno.
4. El/ir/tocar/piano/mejor/yo. (Imperfect)
5. Tú/ver/hombre/corriendo. (Imperfect)
6. Ayer/genio/ponerse/arreglar/concierto.
7. Mi/composición/ser/mejor/la/chico.
8. Mucho/gente/tener/miedo/animales/feroz. (Imperfect)
9. Anoche/todo/mundo/entrar/corriendo.
10. Semana/pasado/ellos/dirigirse/exportador/azúcar.

III. **Verb Exercises :** Irregular imperfects *ir, ver* and *ser.*

A. Complete the sentences.

Tú ibas al concierto.
Ellos_____.
Yo_____playa.
Juana_____.
Nosotros_____teatro.

Ustedes veían a los mejores artistas.
Leonardo y yo_____.
Lucía_____peor_____.
Tú_____.
Yo_____pinturas.

143

Roberto era el mejor pianista de España.

Yo_____.

Nosotros_____artistas_____.

Tú_____.

Ellas_____.

B. Change the verbs from the imperfect to the preterite.

1. iban
2. eran
3. yo veía
4. él iba
5. eras

6. veían
7. ibas
8. íbamos
9. veíamos
10. yo era

C. Complete the chart.

	ver	ir	ser
present	_____	va	_____
present progressive	_____	_____	_____
present perfect	_____	_____	_____
imperfect	_____	_____	éramos
imperfect progressive	_____	_____	_____
preterite	vi	_____	_____
future	_____	_____	_____

26. Amigo o enemigo

I. Vocabulary Exercises

A. Word Groups: Find words from the same family in the story and tell what both mean.

1. la respiración
2. la fortaleza
3. la carnicería
4. la bebida
5. sucio

6. depender
7. el terror
8. seguro
9. el guerrero
10. la poesía

B. Synonyms: Find words of similar meaning in the story and tell what both mean.

1. gritar
2. coger
3. me acuesto
4. el cuento
5. la ayuda

C. Antonyms: Find words of opposite meaning in the story and tell what both mean.

1. el enemigo
2. la paz
3. débil
4. arriba
5. la verdad

D. Complete the sentences with one of the words listed.

> miedo   el león   dirijo   quedo   cordero   arroyo
> matar   carnicero   huérfano   mentiras

1. Se dice que_____es el rey de los animales.
2. La carne del_____es muy deliciosa.
3. Cuando vemos un lobo, tenemos_____.
4. Una persona que no tiene padres es_____.
5. No debemos ensuciar el agua del_____.

6. Los lobos están siempre para_____los corderos.

7. Mis padres me castigan cuando digo_____.

8. Cuando hace mal tiempo me_____en casa.

9. Si necesito ayuda me_____a un policía.

10. El_____vende carne en la carnicería.

II. Structures: Form sentences using the words in the order given. Refer to the story for the correct structures.

1. Lobo/acercarse/cordero/ayer.
2. Político/acercarse/nosotros/año/pasado.
3. Yo/creer/que/él/alejarse/casa.
4. Tú/ir/nadar/agua/frío.
5. Ramón/tener/menos/cincuenta/año.
6. Mi/paciencia/estar/agotado.
7. ¡No/molestar/tu/amigo!
8. El/estar/para/matar/león.
9. A ti/yo/asegurar/que/yo/ser/huérfano.
10. Ellos/dirigirse/panadero.

III. Verb Exercises: Irregular preterites of *tener, andar* and *estar;* preterite of *-ir* stem-changing infinitives.

A. Complete the sentences.

El tuvo un cordero.

Paco y yo_____.

Marcia_____corderos.

Tú_____.

Yo_____león.

Tú anduviste en la otra dirección.

El_____.

Yo_____playa.

Nosotros_____.

Ellas_____teatro.

Leonardo y Pablo estuvieron en México.

Yo_____.

146

Ella_____enferma.

Tú_____.

Nosotros_____.

B. Change the verbs from the future to the preterite.

1. andaremos	6. andaré
2. estarás	7. estaremos
3. tendré	8. tendrás
4. estarán	9. andará
5. tendrá	10. estaré

C. Complete the sentences.

Ella pidió socorro.

Yo_____.

Nosotros_____manzanas.

Ellos_____.

Tú_____carne asada.

El durmió toda la noche.

Tú_____.

Marta y yo_____tarde.

Yo_____.

Ustedes_____mañana.

D. Complete the chart.

	preterite-él	imperfect progressive-ellos
pedir	_____	_____
divertirse	_____	estaban divirtiéndose
dormir	_____	_____
morir	murió	_____
venir	_____	_____
vestir	_____	_____
sentir	_____	_____

27. Simpático

I. Vocabulary Exercises

A. Word Groups: Find words from the same family in the story and tell what both mean.

1. la casa
2. acertar
3. la verdad
4. la igualdad
5. caminar

6. el olor
7. faltar
8. el aldeano
9. ganar
10. el zapatero

B. Synonyms: Find words of similar meaning in the story and tell what both mean.

1. el sitio
2. flojo
3. la comida
4. el pueblo
5. quebrado

C. Antonyms: Find words of opposite meaning in the story and tell what both mean.

1. vivo
2. recordado
3. avanzado
4. la guerra
5. limpio

D. Complete the sentences with one of the words listed.

rotos los Difuntos atrasado sucias tumbas
de acuerdo igual muertos perezosa chicana

1. Hay muchas_____de piedra en el cementerio.
2. Una persona_____no quiere trabajar.
3. Los_____no pueden oler las flores.

148

4. Una_____es una estadounidense de padres mexicanos.

5. Me limpio las manos cuando están_____.

6. Un dólar es_____a cien centavos.

7. A veces los pobres llevan zapatos_____.

8. Por falta de instrucción se queda_____.

9. Si usted piensa como yo, estamos_____.

10. En el Día de_____honramos a los muertos.

II. Structures:
Form sentences using the words in the order given. Refer to the story for the correct structures.

1. Mis/hermano/tener/ganas/aprender/francés.

2. Niños/necesitar/mucho/ayuda.

3. Yo/no/poder/viajar/falta/dinero/tiempo.

4. Ser/claro/que/nosotros/estar/acuerdo.

5. Este/momento/se/oír/banda/músicos.

6. A mí/gustar/pasar/día/campo.

7. Aquel/indios/llevar/zapato/sombrero.

8. Músico/tocar/piano/guitarra/violín.

9. Yo/decir/a ti/cuando/oler/flores.

10. Hacer/dos/siglo/haber/grande/civilizaciones/indio.

III. Verb Exercises:
Irregular preterites *dar, traer* and *-cir* infinitives.

A. Complete the sentences.

El dio el paquete al abogado.

Nosotros_____.

Yo_____médicos.

Tú_____.

Ustedes_____artista.

Yo traje algo de comer al prisionero.

Jaime_____.

Tú_____dar_____.

Mi madre y yo_____.

Tomás y Ronaldo_____vendedora.

149

Tú condujiste el coche a la cárcel.

Nosotros_____.

Yo_____teatro.

María_____.

Ellas_____playa.

B. Complete the chart using the preterite tense.

	traducir	conducir	traer
yo	_____	_____	_____
nosotros	_____	_____	_____
ella	_____	_____	_____
ellos	_____	_____	_____
tú	_____	_____	_____

C. Change the verbs to the preterite.

1. darán
2. decían
3. conduces
4. traduciré
5. traíamos

6. conducirás
7. doy
8. traducías
9. dice
10. traigo

28. Los inocentes

I. Vocabulary Exercises

A. Word Groups: Find words from the same family in the story and tell what both mean.

1. la vejez
2. la juventud
3. la honradez
4. el despertador
5. el grito

6. la obediencia
7. el robo
8. el vecindario
9. juzgar
10. proteger

B. Synonyms: Find words of similar meaning in the story and tell what both mean.

1. la moneda
2. andando
3. pasó
4. agarré
5. empezó

C. Antonyms: Find words in the story of opposite meaning and tell what both mean.

1. joven
2. culpable
3. izquierda
4. detrás de
5. el juez

D. Complete the sentences with one of the words listed.

escaparate cuartel juez esquina bolsa

gente loca fondo pidió devolvió

1. Un_____debe escuchar el cuento de los acusados.
2. El médico mandó a la vieja_____a un hospital.

151

3. Una mujer honrada me _____ mi radio perdida.
4. El pordiosero_____ dinero a todo el mundo.
5. Esperamos el ómnibus en la_____.
6. Tenía solamente un peso en el_____ de mi cartera.
7. Una mujer guarda su dinero en la_____.
8. El policía condujo al prisionero al_____ de la policía.
9. En el_____ se ve lo que se vende en la tienda.
10. La policía debe proteger a la _____ honrada.

II. Structures: Form sentences using the words in the order given. Refer to the story for the correct structures.

1. Yo/ir/explicar/lo que/ocurrir/ayer.
2. Anoche/yo/ver/escaparate/roto/lejos/mí.
3. Fondo/haber/bolsa/rojo.
4. Vieja/ponerse/hablar/de mí/ayer.
5. Semana/pasado/yo/no/saber/quién/pertenecer/bolsa.
6. Anoche/nosotros/tener/miedo/hallar/ladrón.
7. Ayer/tarde/tú/andar/cuartel/ver/juzgado.
8. Mes/pasado/él/pedir/a mí/dirección/museo.
9. Gente/estar/dormir/cuando/entrar/juez.
10. Anoche/ella/ir/derecha.

III. Verb Exercises: Irregular preterite *venir*.

A. Complete the sentences.

El vino al tribunal.
Nosotros_____.
Yo_____ fiesta.
Ustedes_____.
Tú_____ cine.

B. Complete the chart using the verb venir.

	preterite	future
tú	_____	_____
nosotros	_____	_____
ella	_____	_____
yo	_____	_____
ellos	_____	_____

C. Change the verbs to the preterite.

1. venimos
2. ves
3. vendré
4. venderá
5. piden

6. perderemos
7. digo
8. dejo
9. pueden
10. pones

Master Spanish-English Vocabulary

Vocabulary Notes

1. Words easy to recognize.

   a) The same in both languages: **color, idea, noble, hotel, radio**
   b) Slight change: **ángel, decente** (decent), **mucho** (much), **individuo** (individual), **atracción** (attraction), **silencio** (silence), **gloria** (glory), **movimiento** (movement), **teléfono** (telephone), **defender** (to defend)

2. Prefixes and suffixes.

   a) **des-, in-** (*dis-, un-, -less*): cortés (polite), **des**cortés (*im*polite); agradable (agreeable), **des**agradable (*dis*agreeable); útil (use*ful*), **in**útil (use*less*)
   b) **-ando, -iendo** (*-ing*): atac**ando** (attack*ing*), defend**iendo** (defend*ing*)
   c) **-ero, -or** (*trade or profession*): pan (bread), panad**ero** (bak*er*); descubrir (to discover), descubrid**or** (discover*er*)
   d) **-ería** (*store*): carne (meat), carnic**ería** (butcher shop); panad**ería** (bakery)
   e) **-oso, -osa** (*-ous*): fam**oso** (fam*ous*), glori**osa** (glori*ous*)
   f) **-mente** (*-ly*): rápida**mente** (rapid*ly*), rica**mente** (rich*ly*)
   g) **-dad, -tad** (*-ty*): liber**tad** (liber*ty*), universi**dad** (universi*ty*)
   h) **-ito, -ita** (*little*): perr**ito** (*little* dog), chiqu**ita** (*little* girl)
   i) **-ísimo, -a** (*very*): much**ísimo** (*very* much)

3. Nouns formed from other words.

   a) From verbs: enseñar (*to teach*), enseñ**anza** (*teaching*); alabar (*to praise*), alab**anza** (*praise*)
   b) From past participles: entr**ado** (*entered*), entr**ada** (*entrance*); sal**ido** (*gone out*), sal**ida** (e*xit*)

4. Vowel change in verbs.

Group I	Group II
e to **ie**: pensar, piensa	**e** to **ie, i**: sentir, siente, sintió
o to **ue**: contar, cuenta	**o** to **ue, u**: dormir, duerme, durmió

   Group III
   e to **i**: pedir, pide, pidió

BEWARE! Some words may fool you: pariente (relative), not parent; largo (long), not large.

How To Use The Vocabulary

1. a) Nouns are listed without the definite article:
   libro book, instead of **el** libro
   cama bed, instead of **la** cama
   b) Nouns ending in **-o** are **masculine** (*m.*): **libro** is (*m.*)
   c) Nouns ending in **-a, -d, -ión** are **feminine** (*f.*): libra, salud, and posición are (*f.*)
   d) Nouns ending in other letters and exceptions to the rules will be indicated by (*m.*) or (*f.*): agente (*m.*), papel (*m.*), carne (*f.*), corazón (*m.*), día (*m.*), mano (*f.*); puente (*m., f.*), either **el** or **la** puente; agua (*f.*, but **el**), **el** agua although it is **feminine**.
2. Words with **ch** are listed after those with **c**:
   chico follows **claro**; **leche** follows **lectura**
3. Words with **ll** are listed after those with **l**:
   llevar follows **lobo**; **olla** follows **olvidar**
4. **bueno, -a:** buena is the **feminine** of bueno
5. **estos, -as:** estas is the **feminine** plural (*f. pl.*) of estos
6. **hablador, -a,:** habladora is the **feminine** of hablador

Master Spanish-English Vocabulary

A

a at, to
  a causa de because of
  a eso de about (a certain time)
  a la vez at the same time
  a menudo often
  a mi juicio in my opinion
  a partir de (hoy) from (today) on
  a propósito by the way
  ¿a qué hora? at what time?
  a tiempo on time
  a través de across
  a veces at times
abandonar to abandon, leave
abogado lawyer
abierto open, opened (abrir)
abrazar to embrace, hug
abrir to open
  al abrir upon opening
abuelo, -a grandfather, grandmother

acabar de (vender) to have just (sold)
acercarse a to approach
  trata acerca de it deals with
acompañar to accompany
acordarse (ue) to remember
acostarse (ue) to go to bed
acostumbrado, -a usual
acostumbrar a to be used to
acusar to accuse
acusado the accused
¡adiós! goodbye!
admiración, signo de exclamation mark
¿adónde? where?
adorar to adore
aduana customshouse
aeropuerto airport
afectuosamente affectionately
afuera outside
  las afueras outskirts, suburbs
agarrar to grab, seize
  lo tengo agarrado I hold it tight

agente de policía (*m.*) policeman
agotarse to be exhausted, worn out
agradable agreeable, pleasant
agradecer to be grateful, thank
agua (*f.* but *el*) water
  agua abajo downstream
  agua arriba upstream
aguantar to stand, bear
agujero hole
ahora now
  de ahora en adelante from now on
ahumado, -a smoked
  lentes ahumados smoked glasses
ahumar (se) to smoke (become smoky)
aire (*m.*) air
  al aire libre outdoors
al (a + el) to the
  al fin in the end, finally
  al mismo tiempo at the same time
  al principio in the beginning
albóndiga meatball
alcanzar to reach
aldea town, village
alegre happy
alegría happiness
alegrarse (de) to be glad, happy (about)
alejarse de to move away from
algo something
  tiene algo he has something (the matter with him)
algunos, -as some
Alhambra famous castle of Moorish kings in Granada
alimento food
almorzar (ue) to have lunch
almuerzo lunch
altiplano highland, plateau
alto, -a high, tall
alumno, -a pupil, student
allí there
amable amiable, kindly
amar to love
amargamente bitterly
ambos, -as both
amarillo, -a yellow
amigable friendly
amigo, -a friend
amo boss, owner
amor (*m.*) love

anciano, -a ancient, old
andar to walk
animal (-ito) (*m.*) (little) animal
aniversario anniversary
anteojos eyeglasses
antes de before
  cuanto antes as soon as possible
antiguo, -a old, ancient
añadir to add
año year
  año pasado last year
  año que viene next year
apagar to put out (a fire)
aparecer to appear, seem
apetito appetite
apenas hardly
aplaudir to applaud
aprender to learn
aquel that
aquél that one, the former
aquí here
arder to burn
ardiente ardent, fiery
argentino, -a (person) from Argentina
argumentar to argue
arreglar to arrange
arroyo stream
arroz (*m.*) rice
  arroz con pollo chicken with rice
asar to roast
  carne asada roast beef
asegurar to assure, insure
asesino assassin, murderer
así thus, in this way
asiento seat
asignatura school subject
asistir (a) to be present (at), attend
asombro astonishment
asunto affair, matter
atacar to attack
atentamente attentively
aterrorizar to terrorize, scare
atleta (*m.*) athlete
atlético, -a athletic
atónito, -a amazed, astonished
atrasado, -a backward, behind the times
atreverse a to dare to
audiencia audience, hearing

aullar to howl
aumentar to increase
aunque although
ausente absent
aventura adventure
averiguar to ascertain, find out
avión (*m.*) airplane
ayer yesterday
ayuda help
ayudar to help
azúcar (*m.* or *f.*) sugar
azul blue

B

bailador, -a dancer
bailar to dance
baile (*m.*) dance
bajar de to get off, lower
bajo below, under
bajo, -a short, low
baraja de naipes (*m.*) pack of playing cards
baratamente cheaply
barrio district
bastante enough, sufficient
basura garbage, refuse
beber to drink
bello, -a handsome, beautiful
besar to kiss
biblioteca library
bien well
   salir bien en un examen to do well on an exam
bienvenida welcome
   ¡Sea bienvenido, -a! Welcome!
billete (*m.*) ticket
biología biology
blanco, -a white
boda wedding
   procesión de boda wedding march
bodega grocery store, warehouse
bolsa purse, pocketbook
bolsillo purse, pocket
bombero fireman
bombilla tube for drinking mate, Paraguayan tea
bongó native drum
borrador (*m.*) eraser
borrar to erase
boticario druggist

boxeador boxer
Brasilia capital of Brazil
brazo arm (of the body)
bueno, -a good
   tener buen éxito to be successful
   ¡Buen provecho! Hearty appetite!
Buenos Aires capital of Argentina
burlarse (de) to make fun (of)
burro donkey
buscar to look for
   en busca de in search of
butaca armchair

C

caballero gentleman
cabeza head
   dolor (*m.*) **de cabeza** headache
cada each
caer to fall
   dejar caer to drop
café (*m.*) coffee
caja box, case
cajita small box
calentar (se) (ie) to warm (oneself)
caliente warm, hot
calor (*m.*) heat
callarse to keep quiet
calle (*f.*) street
cama bed
camarada (*m.*) comrade, chum
camarera stewardess (on a plane)
cambiar to change
caminar to walk
camino road
   ponerse en camino to start out
camión (*m.*) truck
campesino, -a farmer, farmer's wife
campo field, camp, country
   campo de juego playing field
canción (*f.*) song
candela candle
   prender una candela to light a candle
cansado, -a tired
cansarse to be tired
cantante (*m., f.*) singer
cantidad (*f.*) quantity
cara face
caro, -a expensive
cárcel (*f.*) prison, jail
carne (*f.*) meat

carnicería butcher shop
carnicero butcher
carta letter
carretera panamericana Panamerican highway
casa house
  casa de apartamientos apartment house
casado, -a married
casarse con to marry
castellano Spanish; person from the province of Castile
casucha hut, shack
catarata waterfall
causa cause
  a causa de because of
cebolla onion
cementerio cemetery
cena dinner
cenar to dine
centro business district
cerca (de) near
cereza cherry
cero zero
cerrar (ie) to close
certificado de vacunación vaccination certificate
  certificado gremial union card
cesar to stop, cease
  sin cesar without stopping
cesta jai alai racket
cesto basket
cielo sky
cien short form of ciento
ciencia science
ciento one hundred
  por ciento percent
cierto, -a certain
cine (m.) movie house
ciudad (f.) city
¡Claro! Of course!
claro es (que) it is clear (that)
clase (f.) class, kind
  toda clase every kind
cliente (m., f.) client, customer
clima (m.) climate
cobarde (m., f.) coward
cocina kitchen
cocinar to cook
coche (m.) auto, car
coger to seize, grasp

comedor (m.) dining room
comenzar (ie) to begin
comer to eat
  dar de comer to feed
comerciante businessman
comida dinner, meal
cometer to commit
como like, as
¿Cómo? How?
¡Cómo no! Why not, of course!
comportarse to behave oneself
compositor (m.) composer, song writer
compra purchase
comprador purchaser, buyer
comprar to buy
  ir de compras to go shopping
comprender to understand
con with
  con cuidado with care
  con mucho gusto with pleasure
  dar con to meet, come upon
condenar to condemn
conducir to drive, conduct
  licencia para conducir driver's license
conducta conduct, behavior
confeccionar to make, put together
confianza confidence, trust
conmigo with me
conocer to know, be acquainted with
considerar to consider
contar (ue) to tell, relate
contento, -a content, happy
contestar to answer
contener to contain
contigo with you
continuar to continue
contra against
contrario, -a opposite
corazón (m.) heart
cordero lamb
cordialmente cordially, heartily
correctamente correctly
correr to run
cortar to cut
corte (m.) de pelo haircut
cortejo procession
  cortejo fúnebre funeral procession
cortés courteous, polite
cortesía courtesy

corto, -a short
cosa thing
costar (ue) to cost
creer to believe
crimen (m.) crime
crítica criticism
criticar to criticize
cruzar to go across, cross
¿Cuál, -es? Which?, What?
¿Cuándo? When?
cuando when
   de vez en cuando from time to time
¿Cuánto, -a, -os, -as? How much?
   cuanto antes as soon as possible
cuartel (m.) police station
cuarto fourth, quarter, room
cubierta cover, lid, covered
cuenta account, bill
   darse cuenta de to realize
cuerpo body
   Cuerpo de Paz Peace Corps
cuidar to take care of
culpable guilty
cura (m.) priest
curiosidad (f.) curiosity
curso course
cuyo, -a; cuyos, -as whose

CH

charlar to chat
charro y china poblano Mexican
   cowboy and cowgirl costumes
chicano, -a North American of
   Mexican parentage
chico, -a youngster
chino, -a Chinese
chiquito, -a little kid
chistoso, -a humorous
chofer chauffeur

D

dar to give
   dar de comer to feed
   dar golpes to beat
   dar un paseo to take a walk
   dar voces to scream
   darse cuenta de to realize
de of, from
   de acuerdo agreed

de veras truly
de vez en cuando from time to time
deber to owe, to have to
deberes (m.) homework
decente decent
decidir to decide
decir to say, tell
dejar to let allow
   dejar caer to drop
del (de + el) of the
delante (de) in front (of)
demasiado too much
dentro (de) within
   dentro de poco in a short time
deporte (m.) sport
derecho, -a right
   a mi derecho on my right
desafortunado, -a unlucky
desagradable disagreeable
desaparecer to disappear
desayunarse to eat breakfast
   desayuno breakfast
descansar to rest
descanso rest, repose
desconectar to disconnect
descortés impolite
desde since
   ¡desde luego! of course!
desdén (m.) contempt
desear to want, desire
desgraciado, -a unfortunate
despedirse de (i) to say goodbye to
despertarse (ie) to wake up
después (de) after
destruir to destroy
detener (se) to stop (oneself)
devolver (ue) to return (something)
día (m.) day
   hoy día nowadays
diccionario dictionary
difícil hard, difficult
difunto, -a dead
dinero money
Dios God
   por Dios for God's sake
dirección (f.) address
dirigirse a to go towards
discurso speech
dispensar to excuse, forgive
dispuesto, -a inclined
disputa argument

162

distinguido, -a distinguished
distinto, -a different
distribuir to distribute
divertirse (ie) to amuse oneself, have
  a good time
dividir to divide
docena dozen
dolor (m.) pain
  dolor de cabeza headache
  dolor del estómago stomachache
¿Dónde? Where?
dormir (ue) to sleep
  dormir la siesta to take a nap
  dormirse to fall asleep
droga drug
duda doubt
dueño, -a boss, owner
dulce sweet
  dulces (m.) candy
durante during
duro, -a hard

E

e and (in front of an I sound)
edificio building
ejemplo example
  por ejemplo for example
empezar (ie) to begin
emplear to employ, use
empleo job
en in
  en punto exactly
encender (ie) to light, turn on
encogerse de hombros to shrug one's
  shoulders
encontrar (ue) to find
  encontrarse con to meet
enemigo enemy
énfasis (m., f.) emphasis
enfermero, -a nurse
enfermo, -a patient, sick
engañar to deceive
engañarse to be mistaken
engaño deceit
enojar to irritate, annoy
enseñar to teach, show
enseñanza teaching
ensuciar to soil
entero, -a entire
enterrar (ie) to bury

entonces then
  en este entonces at this time
entrada entrance
entrar to enter
entregar to deliver, hand over
envidia envy, jealousy
equipo team
equivocarse to be mistaken
escaparate (m.) show window
esconder to hide
escopeta shotgun
escribir to write
escritor (m., f.) writer
escuchar to listen
escuela school
eso that
  a eso de las tres about three o'clock
  por eso for that reason
esperar to wait for, hope
esposo, -a husband, wife
esquina corner
establecer to establish
estación (f.) season
estadística statistic
estado state
estar to be
  está bien it's all right
  estar para to be ready
este, -a, -os, -as, this, these
estrechar to stretch
  estrechar la mano to squeeze,
    tighten
estrella star
estudiar to study
estufa stove
examen (m.) test, exam
éxito success
explicar to explain
extranjero, -a foreign

F

fabricante (m.) manufacturer
fábula fable
fácil easy
falda skirt
falta fault
  por falta de for lack of
faltar to lack, need
familia family
fantástico, -a fantastic

farmacia pharmacy
fatigado, -a tired
favor (*m*.) favor
  por favor please
feo, -a ugly
feroz fierce
fiesta holiday, celebration
filósofo philosopher
fin (*m*.) end
  al fin finally
fiscal (*m*.) district attorney
física physics
físico physicist
físico, -a physical
flor (*f*.) flower
fondo rear, bottom
fragancia fragrance, smell
francés French
frecuentemente frequently
frente (*f*.) forehead
fresco, -a fresh, cool
frito, -a fried
frontón (*m*.) jai alai court
fruta fruit
fuego fire
fuerte strong
fuerza strength
fúnebre mournful
  cortejo fúnebre funeral
  procession

G

gafas eyeglasses
gana desire
  tener ganas de to feel like
ganado cattle
ganador, -a winner
ganar to win
  ganar la vida to earn a living
ganga bargain
garbanzo chick pea
gastar to spend
  gastar tiempo to waste time
gato cat
genio genius
gente (*f*.) people
gimnástica gymnastics
gitano, -a gypsy
globo globe
gobierno government

golpe (*m*.) blow, knock
  dar golpes to knock
golpear to beat
gracias thanks
  dar gracias to thank
grado grade, term
graduar to graduate
grande big, great; grownup, adult
grandísimo, -a very big
gremial (*m*.) member of a union
  certificado gremial union card
gritar to shout
grupo group
guapo, -a handsome, pretty
guardar to keep, protect
guardia (*m*.) guard
guardián nocturno night watchman
guerra war
guía (*m*.) guide
  guía (*f*.) **de teléfonos** telephone
  directory
guitarrista (*m*., *f*.) guitarist
gustar to like, be pleasing
gusto pleasure
  con mucho gusto with great
  pleasure

H

haber to have (followed by a past
  participle)
había there was, were
habichuela kidney bean
hábil clever
habitante (*m*.) inhabitant
habla speech
hablador, -a talker, talkative
hablar to speak
hacer to do, make
  hace buen tiempo it's nice weather
  hace calor it is hot weather
  hace mal tiempo the weather is bad
  hacer daño to harm
  hace frío the weather is cold
  hace ocho días a week ago
  hacer una pregunta to ask a
  question
  hacer un viaje to take a trip
  ¿Qué tiempo hace? How's the
  weather?
hacerse to become

hacha (*f.* but *el*) hatchet
halar to pull
hallar to find
hallarse to be, find oneself
hambre (*f.* but *el*) hungry
   tener hambre to be hungry
hasta until
   ¡Hasta la vista! So long!
hay there is, there are
hecho deed, act
hermano, -a brother, sister
héroe hero
heroína heroine
hijito, -a sonny, little daughter
hijo, -a son, daughter
hispano, -a Spanish
historia story, history
hombre man
hombro shoulder
   encogerse de hombros to shrug one's
     shoulders
honrado, -a honest
hora hour, time
horario program, timetable
hoy today
huarache (*m.*) Mexican sandal
huérfano, -a orphan
hueso bone
huevo egg
   huevos fritos fried eggs
   huevos duros hard-boiled eggs
   huevos pasados por agua soft-boiled
     eggs
   huevos revueltos scrambled eggs
huir to flee
humanidad (*f.*) humanity

I

idealista (*m., f.*) idealist
iglesia church
imitar to imitate
imperfecto, -a imperfect
importar to be important
   no me importa it makes no
     difference to me
incidente incident, happening
indio, -a Indian
individuo individual
ingeniero engineer
inglés English

inhalar to inhale, breathe
inteligencia intelligence
inteligente intelligent
intentar to intend
interesante interesting
interesarse to be interested
interrumpir to interrupt
inventado, -a imagined, made up
invierno winter
invitado, -a invited, guest
invitar to invite
ir to go
   ir de compras to go shopping
irse to go away
irritado, -a irritated
irritar to irritate
italiano, -a Italian
izquierdo, -a left
   a la izquierda on the left

J

jarabe tapatío Mexican dance
jardín (*m.*) garden
jerez (*m.*) sherry wine
juez (*m.*) judge
jugar (ue) to play
juego game
   campo de juego athletic field
jugo juice
juguete (*m.*) toy
juicio judgment
juzgado court, jail

K

kilómetro kilometer (5/8 of a mile)

L

ladrar to bark
ladrón, -a thief
lanzar (se) to throw (oneself)
lavar to wash
lección (*f.*) lesson
leche (*f.*) milk
leer to read
legumbre (*f.*) vegetable
lejos (de) far (from)
   a lo lejos in the distance
lema (*m.*) motto

lengua language, tongue
lentamente slowly
lentes glasses
   lentes ahumados dark glasses
leña firewood
león (*m.*) lion
letrero sign
levantarse to get up
libro book
licencia license
   licencia para conducir driver's
     license
liceo high school
limpiar to clean
limpio, -a clean
lindo, -a pretty
lista list
   lista de platos bill of fare, menu
lobo wolf
loción lotion
loco, -a crazy
lógica logic
lograr to manage, succeed
luego then
lo que what
lugar (*m.*) place
   en lugar de instead of
luna moon
luz (*f.*) light

LL

llamar (se) to call (be named)
   llamar a la puerta to knock at the
     door
llegada arrival
llegar to arrive
   llegar a ser to become
llenar to fill
lleno, -a full
llevar to take, carry, wear
llorar to cry

M

madre mother
maestro, -a teacher, master
mágico, -a magic
magnífico, -a magnificent
Majestad (*f.*) Majesty
malcontento, -a discontented

maldecir to curse, swear
   ¡maldiga! curse
maleta valise
malo, -a bad
mandar to order, send
manera manner, way
manjares (*f.*) food
mano (*f.*) hand
   estrechar la mano to shake hands
mantequilla butter
manzana apple, block, street
mañana tomorrow, morning
   mañana por la mañana tomorrow
     morning
maravilloso, -a marvelous
maraca musical instrument made
   from dry gourd containing pebbles
marido husband
marimba xylophone
marmita stewpot
mas but
más more
   cuanto más . . . tanto más the
     more . . . the more
matar to kill
matasanos quack doctor
mate (*m.*) Paraguayan tea
matemáticas mathematics
mayor older, bigger
mayoría majority, most of
media half
medicina medicine
médico doctor
mediodía (*m.*) noon
medida measure
   a medida to measure, order
mejor better
mejorar to improve
mencionar to mention
menor younger
menos minus, less
   por lo menos at least
mentir (ie) to lie
mentira lie
menudo, -a small
   a menudo often
mercado market
mes (*m.*) month
mesa table
   poner la mesa to set the table
meter to put

meter miedo to frighten, scare
mezclar to mix
miedo fear
   meter miedo to frighten
   tener miedo to be frightened,
     afraid
miembro member
mientras while
   mientras tanto in the meanwhile
millar thousand
mirar to look at
miserable (*m.*) miserable wretch
mismo, -a same
   lo mismo the same
moda style
modo manner, method
   de otro modo otherwise
molestar to bother, annoy
momento moment
monarquía monarchy, kingdom
moneda coin
moreno, -a brown, dark
morir (ue) to die
mostrar (ue) to show
mozo waiter
muchísimo, -a very much
mucho, -a much
muerte (*f.*) death
muerto, -a dead
mujer wife, woman
mundo world
   todo el mundo everybody
músculo muscle
museo museum
músico musician
muy very

N

nada nothing
nadar to swim
nadie nobody
naipes (*m.*) cards
   baraja de naipes deck of cards
naranja orange
natación (*f.*) swimming
naturalmente naturally
Navidad (*f.*) Christmas
necesitar to need
necio, -a foolish
negarse a (ie) to refuse to

negocio business
negro -a black
nene, nena (*m., f.*) baby
nevar (ie) to snow
ni neither, nor
nieto, -a grandchild
ninguno, -a none, not one
niño, -a child
nocturno nightly
   guardián nocturno night watchman
noche (*f.*) night
nombrar to name
nombre (*m.*) name
norteamericano, -a North American
nota mark
notar to note, mark
novio, -a sweetheart
noticias news
nuevo, -a new
   de nuevo again
número number
nunca never

O

o or
obedecer to obey
obstante withstanding
   no obstante however
obtener to obtain
ocupado, -a busy
ocupar to occupy
ocurrido, -a occurred
ocurrir to occur, happen
oficina office
ofrecer to offer
oír to hear
ojo eye
oler (ue) to smell
olor (*m.*) odor
olvidar to forget
ombú (*m.*) name of a tree found in
   Argentina
ómnibus (*m.*) bus
opinar to argue
oportunidad (*f.*) opportunity
oración (*f.*) sentence
oreja outer ear
orquesta orchestra
oscuro, -a dark
oscuridad (*f.*) darkness

otro, -a other
de otro modo otherwise

P

paciencia patience
paciente patient
pacífico, -a peaceful
padre father
padres (m.) parents
pagar to pay
país (m.) country, nation
pájaro bird
palo stick
palabra word
pan (m.) bread
panadería bakery
pantalones (m.) pants
papa potato
papá father
papel (m.) paper
paquete (m.) package
par (m.) pair
para for (the purpose)
para que in order that
parador (m.) Spanish government hotel
parecer to appear, seem
partir to depart
a partir de (hoy) from (today) on
pariente, -a relative
parte (f.) part
por todas partes everywhere
pasar to pass, happen
pasar por la calle to go through the street
pasajero, -a passenger
pasaporte (m.) passport
pasearse to take a walk
paseo walk
dar un paseo to take a walk
patio courtyard
patria native land
paz (f.) peace
Cuerpo de Paz Peace Corps
pedazo lump, piece
pedir (i) to ask for
pedir prestado to borrow
película film
pelo hair
corte (m.) de pelo haircut

pelota ball
pelota vasca jai alai
pensamiento thought
pensar (ie) to think
peor worse
pequeño, -a small
perder (ie) to lose
perder el tiempo to waste time
pérdida loss
perezoso, -a lazy
periódico newspaper
permiso permission
permitir to permit
pero but
pertenecer to belong
perro dog
pescado fish
peseta Spanish coin
¡Salud (f.) y pesetas! To your health!
pierna leg
pimienta pepper
pintor, -a painter
pintoresco, -a picturesque, colorful
piscina swimming pool
pizarra chalkboard
placer (m.) pleasure
plato plate, dish
lista de platos bill of fare
playa beach
pleito lawsuit
pobre poor
pobreza (f.) poverty
pobrecito, -a poor, little fellow
poco, -a little, few
dentro de poco in a short time
poder (ue) to be able
poeta (m.) poet
policía (m.) policeman
policía (f) police force
política politics
político politician
pollo chicken
pompa procession
empresario de pompas lujosas funeral director
poner to put, place
poner fuera to put out
poner la mesa to set the table
poner pleito to start a lawsuit
ponerse to put on, become

ponerse a to begin to, get
por for
  por ciento percent
  por consiguiente consequently
  por Dios for god's sake!
  por falta de for lack of
  por lo menos at least
  por lo visto obviously
  ¿por qué? why?
  por supuesto of course
  por todas partes everywhere
porción portion
pordiosero beggar
porque because
porteño inhabitant of Buenos Aires
precioso, -a precious
preguntar to ask
pregunta question
  hacer una pregunta to ask a question
prender to light, turn on
preparar to prepare
presentar to introduce, present
prestar to lend
  prestar atención to pay attention
primario, -a primary
primero, -a first
primo, -a cousin
princesa princess
príncipe prince
principio beginning
  al principio at the beginning
prision prison
probar (ue) to try, prove
procesión (f.) parade
prometer to promise
pronto quickly
  lo más pronto posible as soon as possible
propietario, -a proprietor, owner
propina tip, gratuity
propósito purpose
  a propósito by the way
proteger to protect
provecho profit, advantage
  ¡Buen provecho! Hearty appetite!
próximo, -a next
publicidad (f.) publicity
pueblo town, people
puente (m.,f.) bridge
puerta door

pues then
punto point, period
  en punto exactly
  a punto de (hacer) on the point of (doing)
puntuación (f.) punctuation
puro, -a pure

Q

que who, whom, which, what, that, than
¿Qué? What?
  ¿Por qué? Why?
¡Qué! What a!
quedarse to remain, stay
queja complaint
quemar to burn
querer (ie) to want, wish, love
  querer decir to mean
querido, -a beloved, dear
queso cheese
¿quién, -es? who
  ¿a quién? (to) whom
  ¿de quién? whose?
química chemistry
químico chemist
quinto, -a fifth

R

rabo tail
rápidamente rapidly
rascacielos skyscraper
rayo ray
raza race of people
razón (f.) reason
  tener razón to be right
rebelde (m.) rebel
recibir to receive
recién, reciente recent
  recién casado newlywed
recoger to pick up, gather
reconocer to recognize
recordar (ue) to remember
recto, -a honest
referir (ie) (a) to refer (to)
refresco refreshment
regalar to give a gift
regalo gift
regla rule

regresar to return, go back
reina queen
reír to laugh
  reírse de to make fun of
reloj (*m*.) watch
remendar (ie) to mend, fix
renunciar to renounce, give up
repartir to share, divide
repente sudden movement
  de repente suddenly
residir to reside, live
respetar to respect
respirar to breathe
responder to answer, respond
respuesta answer
resolver (ue) to resolve
resuelto, -a resolved, determined
reunir to gather, unite, get together
revolver (ue) to revolve
rey king
río river
robar to rob
rogar (ue) to ask, beg, plead
rojo, -a red
romper to break
ropa clothes
  tienda de ropa clothing store
roto, -a broken
rótulo sign
ruido noise
ruina ruin

S

saber to know (how)
sabio, -a wise, learned
sabroso, -a tasty
sacar to take out
saco sack, bag
sacudir to shake
sal (*f*.) salt
sala hall, parlor
salir to go out, leave
  salir bien (mal) to come out well
  (badly)
salud health
  ¡Salud y pesetas! To your health!
  (a toast)
saludar to greet
salvaje savage, wild
sangre (*f*.) blood

sastre (*m*.) tailor
sastrería tailor's shop
sed (*f*.) thirst
  tener sed to be thirsty
seguido, -a continued
  en seguida immediately
seguir (i) to follow
según according to
segundo, -a second
  de segundo mano second hand, used
seguro, -a sure
semana week
semestre (*m*.) school term
sencillo, -a simple, easy
sentado, -a seated
sentarse (ie) to sit down
sentirse (ie) to feel, regret
señor, -a gentleman, lady
separadamente separately
ser (*m*.) human being
ser to be
sereno night watchman
serio, -a serious
  en serio seriously
servir (i) to serve
  servir de guía to serve as a guide
si if, whether
sí yes
siempre always
siesta nap
  dormir la siesta to take a nap
significado meaning
significar to signify, mean
signo sign
  signo de admiración exclamation
  mark
siguiendo following
siguiente next
silla chair
simpático, -a congenial, pleasant
sin without
sincero, -a sincere
sino but
sinónimo synonym, word with same
  meaning
sirviente (*m*.) servant
situado, -a situated
sobre on, over, upon
sobrepasar to surpass
sobretodo overcoat, especially, above
  all

socorro help
sol (*m.*) sun
solamente only
soldado soldier
solo, -a single, alone
sólo only
sombra shade
sonar (ue) to ring, sound
sonreír to smile
sonrisa smile
sopa soup
sorber to drink, sip
sorprender to surprise
sorpresa surprise
subterráneo subway
suceder to happen
sucio, -a dirty
suelo ground
suficiente enough
sufrir to suffer
sufrir un examen to take an exam
sugerir (ie) to suggest
suma sum, total
supuesto supposed
  ¡Por supuesto! Of course!
sur south

T

tal, -es such
  tal vez perhaps
también also
tan so
tanto, -a so much
  mientras tanto in the meantime
tantos, -as so many
tapatío, jarabe Mexican hat dance
tarde (*f.*) afternoon, evening
tarea task, homework
tarjeta card
  tarjeta de visita visiting card
taza cup
té (*m.*) tea
teatro theater
temprano, -a early
tendero shopkeeper
tener to have
  tener agarrado to hold tight
  tener algo to have something
    the matter
  tener buen éxito to be successful

tener calor to be warm
tener dolor de (cabeza) to have a
  (head)ache
tener frío to be cold
tener ganas de to feel like
tener hambre (*f.*) to be hungry
tener mal éxito to be unsuccessful
tener miedo to be afraid
tener que to have to
tener razón to be right
tenis (*m.*) tennis
tercero, -a third
terminar to end
tiempo time, weather
  al mismo tiempo at the same time
  a tiempo on time
  hacer buen tiempo to be good
    weather
  hacer mal tiempo to be bad weather
  ¿qué tiempo hace? how's the
    weather?
tienda store
  tienda de comestibles grocery store
  tienda de ropa clothing store
tierra land, earth
tímidamente timid, shy
tío, -a uncle, aunt
tirar to shoot
tiza chalk
tocar to touch, play (an instrument)
tocino bacon
todavía still, yet
todo, -a all
  todo el día all day
  todo el mundo everybody
todos, -as all, every
  todos los días every day
tontería foolishness
tonto, -a foolish
torrón (*m.*) Spanish candy
trabajador workman, hardworking
trabajo work
traducir to translate
traer to take, bring
traje (*m.*) clothes, suit
tranquilo, -a quiet, calm
tras after
  uno tras otro one after the other
tratar de to try
tratarse de to tell about, to treat of
través de, a across

tren (*m.*) train
trepar to climb
tribunal (*m.*) court
triste sad
tristeza sadness
tumba tomb
turista (*m.*) tourist

U

u or (in front of O sound)
último, -a last
único, -a only
unidos united
    los Estados Unidos United States
universidad (*f.*) university
unos, -as some
uva grape

V

vaca cow
vacío, -a empty
vacunación (*f.*) vaccination
    certificado de vacunación vaccination certificate
vagabundo vagabond, bum
valenciano, -a inhabitant of Valencia
valentía bravery
valiente brave
vals (*m.*) waltz
vaso glass
vecindad (*f.*) neighborhood
vecino, -a neighbor
vehículo vehicle
vendedor, -a seller
vender to sell
venir to come
ventana window
    ventanilla little window
ver to see
verano summer

verdad (*f.*) truth
verdadero, -a true, real
veredicto verdict, decision
vestido clothes, dress
vestirse (i) to get dressed
vez (*f.*) time; veces times
    a veces at time
    a la vez at the same time
    de vez en cuando from time to time
    tal vez perhaps
viajar to travel
viaje (*m.*) trip
viajero, -a traveler
víctima (*m.*) victim
victoria victory
vida life
    ganar la vida to make a living
viejo, -a old
vino wine
violonchelo cello
violonchelista (*m.,f.*) cellist
visita visit
vista sight
¡viva! long live!
volar (ue) to fly
volcán (*m.*) volcano
volver (ue) to return, come back
    volver a to do again
volverse to turn around
voz (*f.*) voice
    dar voces to yell, scream

Y

y and
ya already

Z

zaguán (*m.*) hall, vestibule
zapatero shoemaker